SOUVENIRS

DE LA MARQUISE

DE CRÉQUY

ÉMILE COLIN ET Cⁱᵉ — IMPRIMERIE DE LAGNY

Louis, Marquis de Faucourt.
(Surnommé Clair de Lune)

SOUVENIRS

DE LA MARQUISE

DE CRÉQUY

DE 1710 A 1803

NOUVELLE ÉDITION REVUE, CORRIGÉE ET AUGMENTÉE

TOME CINQUIÈME

PARIS
GARNIER FRÈRES, LIBRAIRES ÉDITEURS
6, RUE DES SAINTS-PÈRES

SOUVENIRS

DE LA MARQUISE

DE CRÉQUY.

CHAPITRE PREMIER.

Les Portraits de famille et les traditions. — Un tableau de Van Goyen. — Un Cardinal-Patriarche.—Un voyage en France au seizième siècle. —Le Comte de Vendôme et le Chevalier Bien heuré.—Scène populaire.—Singulier privilége des Cardinaux —L'Abbaye de la Trinité, la Tour Magne et le château de Vendôme. — La fleur-de-lys du Pinde au *Miroir des histoires*. — La famille de Musset. — Origine et durée de ses relations avec celle de Créquy. — Souvenir honorable. — Exhortation de l'auteur. — Mademoiselle de Musset et le chevalier de Créquy. — La belle du coche. — Galanterie désappointée. — Une visite chez un avare. — La confession sur un échafaud. — Grâce accordée par le Cardinal de Créquy.

Puisque je vous ai parlé de l'abbaye de la Trinité de Vendôme, en imitation de ce que faisait votre grand-père, je vais vous donner l'explication d'un grand tableau que vous trouverez dans votre château d'Heymont, et que votre père a fait graver par Massard. Cet artiste moderne est bien loin d'avoir reproduit la physionomie franchement farouche et la curieuse naïveté de l'original; mais à qui la faute? Ce fut un acte de complaisance envers ma belle-fille, à qui le graveur avait dédié LA PLUS BELLE DES MÈRES, et dans cette œuvre-ci, du même graveur, où vous représentez l'Enfant Jésus dans le giron de la Vierge, on me permettra de vous dire qu'il ne s'est rien trouvé de ressemblant, sinon votre portrait (1). J'en reviens à cette bonne vieille peinture de Van Goyen, à qui se rattachent des traditions de patronage et des souvenirs de famille que je ne veux pas laisser perdre.

Par un beau soleil de septembre, en l'année 1559, on vit passer dans les rues de Vendôme un jeune prélat, monté sur une mule blanche harnachée d'écarlate et ferrée d'argent. Il était vêtu d'une grande chape rouge, dont la queue frangée de violet recouvrait amplement la croupe de sa monture. Il était coiffé d'un large chapeau rouge avec les deux *cordelini* tombans, flottans, raidement étalés et composés chacun de 21 *fiocchi porporati*. A ce nombre de 21 glands dans ses cordelières, on voyait aisément qu'il devait être Cardinal et Métropolitain, si ce n'est Patriarche. Aussi bien, tout le monde était

---

(1) Cette gravure indiquée par l'auteur, et bien connue des amateurs d'estampes, porte en effet les nom et titre de la Marquise de Créquy, née du Muy, en inscription dédicative, avec ses armes en cartouche. (*Note de l'Éditeur.*)

agenouillé pour recevoir ses bénédictions, qu'il allait distribuant de gauche à droite avec un esprit de méthode et d'équi-*Latération* parfaites.

C'était un Cardinal-Légat *à Latere*, qui s'en allait de son diocèse d'Amiens dans son diocèse de Nantes. Il avait été pourvu d'un Patriarchat, d'un Archevêché syriaque et de cinq à six Évêchés, suivant l'usage du temps. Il était précédé d'un porte-croix et suivi d'un physicien, d'un exorciste, et de cent archers à ses livrées. On voyageait au pas des mules, et quand il survenait un orage, on se réfugiait dans une église avec les archers et les mulets. On n'allait dîner, souper ni coucher que de couvent en couvens, et de prédilection chez les Bénédictins; mais on n'y restait jamais plus de 26 heures; c'était une affaire de conscience et de bienséance indispensable. Quand la journée du lendemain se trouvait pluvieuse, il pleuvait sur le Cardinal et ses *fiocchi porporati*.

En arrivant à Vendôme, et sur le parvis de l'église de la Trinité, dont ce Cardinal était Abbé Commandataire, il y trouva grand tumulte au milieu d'une foule empressée de toute sorte de gens. C'étaient de gros et rouges bourgeois pourpointés de calmande bariolée et chaperonnés à l'Angevine, avec leurs femmes en surcot de fin drap d'Amboise et leurs poupards emmitouflés, et leurs fillettes embéguinées à la mignonnette. Comme c'était un jour de franche-foire, il y avait là des vignerons bas-percés, du plat pays, côte à côte avec des Beaucerons, métayers cossus. On y voyait des Percherons, villageois à tous crins, des Montdoublotiers, curieux à mal faire, et des

Dunoisons, criards à plaisir, et jusqu'à des gens du côté de Châteaurenaud, qui est à plus de trois lieues. Il était là des nuées de péronnelles à l'aiguille et des grimbelles de nuit en bavolet de toile écrue ; sans oublier les sergens (hâbleurs de foires), et sans parler de certains varlets du Comte, outrageux hommse, en réalité ; encore, un écuyer de Madame la Comtesse de Vendôme, avec un air piteux et surdolent (on verra pourquoi), quant-et-quant deux vieilles Damoiselles à la fenêtre du garde-notes ; et puis sur le ras du pavé, comme tout le reste, il y avait un languéyeux de porcs, officier royal, avec la femelle du fossoyeur et leurs petits. Item, un niais de Sologne avec sa marraine, en pêle-mêle avec des malandrins estropiés, des ménestriers, des chiens effrayés, des trucheurs de ruelle et des clabauds de cohue. La foule attendait qui n'arrivait pas. Ne donnez rien aux chats quand ils miaulent !

Le lieu de la scène était une place entourée de maisons gothiques à toits aigus et garnis de curieuses gouttières, en forme de carcasses et masques de gargouilles. On avait, en face, un admirable portail d'église, aussi bien ouvré de fines dentelures ajourées et fleuronnées d'ancolies que le beau reliquaire de la Sainte-Larme ou la châsse de Saint-Bienheuré. C'était non loin d'une tour colossale, ou plutôt d'un haut clocher, qui sort de terre à côté du porche de l'église, et qui se termine en flèche de pierre avec des arêtes affilées et des mufles de lion richement sculptés, à la hauteur de 300 pieds. Au niveau du pinacle, et presque dans les nuages, on voyait la sainte et noble montagne de Vendôme, avec ses rochers, ses bois, ses milliers de créneaux, ses grottes béantes et ses buissons de vigne échevelée ; la cime en était dominée par un castel immense, inaccessible. Mais voyez le tableau de Van Goyen, ou prenez la peine de faire le voyage de Vendôme : il n'y a presque rien de changé dans la disposition des lieux.

On dit au porte-croix du Légat, et cet officier dit à son patron qu'il était question d'un Gentilhomme du pays que le Comte de Vendôme avait fait condamner à mort, et qu'on allait amener de sa prison du château, parce qu'il devait d'abord faire amende honorable à la porte de cette église. Le Prélat descendit précipitamment de sa mule et fut s'installer sur un échafaud qui n'était guère élevé que d'une toise au-dessus du sol de la place, ainsi qu'il appert de notre vieux tableau ; c'était là que le prisonnier devait proférer son acte de résipiscence ; et remarquez bien que ce Cardinal-Archevêque, ce patriarche, âgé de 26 ans, qui n'avait peut-être rien mangé depuis 26 heures, était pourtant venu (primesautièrement) siéger et s'établir sur cet échafaud pour exhorter, pour assister et pour absoudre, *in articulo mortis,* un homme inconnu ! C'est un exemple entre cent mille, et vous voyez comment le haut clergé manquait à la *charité chrétienne,* et comme on était dépourvu de *sentimens d'humanité* dans ce temps-là. Croyez-en donc sur le chapitre des Légats, et surtout des Prélats français qui ne s'acquittaient jamais des obligations de leur état, croyez-en donc ce maître fourbe appelé Jean Calvin, comme aussi MM. d'Aubigné, Jurieu, Mornay du Plessis et autres écrivains calvinistes[1]

Le condamné fut amené par des hommes d'armes du Comte de Vendôme (Louis de Bourbon-la-Marche), et je crois bien que ceux-ci ne furent pas moins étonnés que leur captif en apercevant la double croix du Cardinal (une croix basilique à doubles traverses), avec les cent archers de sa garde autour de l'échafaud, sur lequel était assis un prince de l'église en chapeau rouge, avec un carreau sous les pieds.

— *Eminentissime Seigneur*, lui dit le condamné, qui était un jeune homme de bonne mine et de résolution, *je regrascie le bon Dieu, nostre seigneur à vous et moi, de ce que vostre Paternité se trouve icy pour me pouvoir ouïr en sacrement de confescion, le Comte ayant surabusé de son droict à mon endroict, jusques là qu'il a faict commander à ses aumosniers et chapellains de rester en arriesre de moy, par advant la presente ceremonie, detestable et profanatoyre, en ce quelle est inicque ; il le sait bien!... Il me vouldrait fayre cuider coulpable et non pas moy seullement... Allons, mon asme et ma bousche! allons, constance et preudhommie silentieuse en place publicque!.... Il n'est rien de vray dans les griefs qu'il a dicts à ses justiciers contre moy, le Comte de Vendosme, et c'est Dieu quy nous jugera par aprez... Je proteste*, continua-t-il en étendant sa main vers l'église, *je proteste en fasce de la Trinité, que je ne suis poinct dans la coulpe! et quant à l'amende honorable, je ne la feray poinct... Or sus, Révérendissime Père en Dieu, inclynez vers moy l'oreille et bényssez moy quy vas mourir. Vous en adjure et vous orationne en toute humilité...* Le jeune homme hésita cependant pour se mettre à genoux. — *C'est que je suis Chevalier et de famille équestre*, se prit-il à dire en regardant sur le plancher avec un air d'irrésolution chagrine.

—*Il est vrai!* dit le bourreau de Vendôme;—*Il est vrai! c'est vrai!* s'écria-t-on dans la foule; et le Cardinal, en lui voyant le collier de l'ordre d'Anjou, le fit agenouiller sur la queue de sa chape, en guise de tapis.

Après l'audition sacramentelle et l'absolution donnée, on vit s'établir entre le confesseur et son pénitent un dialogue à voix basse, où celui-ci paraissait mettre une sorte d'animation véhémente et passionnée qui ne s'accordait guère avec la posture qu'il venait de quitter. On voyait à ses gestes d'affirmation qu'il était scrupuleusement interrogé par le Prélat, dont la figure demeurait impassible. Enfin le Cardinal se lève, et la foule se prosterne.

—*Bourgeois et Manants de Vendosme, et vous aultres bonnes gens du pays*, dit-il en bénissant le peuple *aprcts avoir invocqué l'assiztance et les lumiesres de celluy quy dispoze le cœur des forts à la miscrration et quy dirige les foybles dans les voyes de la soubmission, celluy quy plancte les cesdres ez lieulx inaxescibles et seime de fleurs les valleez solitaisres, celluy quy substante les lions et les agneaulx, ainsy que les aiglons superbes et les petits de la Columbe, Nous, Anthoine de Crequy Cardinal-Prebstre de la Saincte Ecclyse romaine* tituli Beatæ Mariæ suprà Minerva et cætera et cæterorum, *desciarons à vous, et jurons sur les SS. Evangiles de Dieu, par nos mains touschez, que c'est d'occasion fortuicte et par occurrence imprevüe*, sine previsione nec non voluntate nostrâ, *que nous som-*

mes trouvez advenir en ceste ville et cité comitalle de Vendosme, à l'endroict et moment d'icelle execution contre le present Chevalier, Messire Bienheuré de Musset, lequel avons resolleu descharger et pleinement gracier, delifvrer et sufficiallement liberer de la prédicte execution capitale : Disant superabundament à vous (ou mieulx pour aulcuns de vous aultres, non lettrez ez loys et bonnes coustumes du pays, s'il en est ceans) qu'icelles nos commandation, desclarations et signification sont faictes en vertu de nos droict et privileige de Cardinal de la Saincte Eclyse Romaine, à raison qu'il appartient à nous en suyvant les antien et present us d'iceluy christianissime estat de France, et plus especiallement, dirons nous, en fief et seigneurie d'ung Foy-dataire du Roy, filz ainez de l'Ecclyse, lequel est le Comte de Vendosme, ysseu des estoc et sang royaulx. — A ces causes, et ce vous faisons signifier par vos officiers, icy nous voyant et nous oyant Messire Loris de Bourbon, Comte de la Marche, de Vendosme et de Castres, en vous disant — Noble homme et puissant seigneur, abaissez l'orgueil de vos yeulx jusqu'à nous, du hault de vos fortes tours; escoutez les obsécrations de vostre peuple, et prestez l'oreille à la nostre, appostolique. Vostre montagne et chasteau de Sainct-Georges e toit advant vous et naguerres un Thabor pour la devotion, un Parnasse pour les Muses; n'en veuilliez plus faire un Lyban pour la solitude, un Caucaze pour les afflictions! — Rentrez doncq paixiblement en vos logis, Bourgeois de Vendosme, et priez y le Dieu des Miséricordes, à celle fin qu'il veuille octroyer à vous et nous pleine mercy dans sa bénignité! — Amen! Amen! répondirent mille voix. Les Archers de Créquy se formèrent en haie, depuis l'échafaud jusqu'à la porte de l'Abbaye, où le gracié fut introduit à côté du Cardinal ; les bonnes gens se dispersèrent en criant Noël ! et les hommes d'armes se précipitèrent dans les montées du château, pour y dire les nouvelles de l'école (1).

Je ne vous raconterai certainement pas l'histoire amoureuse de Bienheuré de Musset, Châtelain des Mussels et Chevalier du Croissant Royal, avec Catherine de Lorraine de Guise, comtesse de Vendôme et Duchesse de Montpensier, *laquelle estoit la fleur-de-Lys du mont pindaricque et la pluz saige Princesse de son temps, advant comme aprez la contampnation de son bienaymé, dont à laquelle il ne mourust pas*, ainsi que l'observe Alain Simon en son *Miroir des histoires*. Autant voudrais-je écrire un roman de chevalerie, ce qui nous ennuierait tous les deux et ce qui m'a toujours paru du temps fort mal employé. Ne craignez pas non plus que je vous rapporte un interminable procès entre le Comte Louis de Vendôme, devenu Duc de Montpensier, et le Cardinal de Créquy ; procès qui n'a fini qu'à la mort de ce duc, après sa condamnation par la cour des Pairs, et moyennant le mariage de sa petite-nièce, Anne de Bourbon-Vendôme, avec

---

(1) On croit généralement que le Cardinal Henry Bourcier, titulaire de Saint-Eusèbe, est le dernier qui ait entrepris d'user de cet ancien privilége, que les Rois de France et les Parlemens accordaient pour accuser d'*exorbitance* et qualifier d'*énormité*. Celui-ci ne fut pas admis à l'exercice dudit privilége, attendu qu'il refusa de *jurer* qu'il s'était trouvé *par hazard* au coin de la rue Aux Ours à l'instant du passage d'un condamné qui fut pendu à la croix du Trahoir. C'était un voleur sacrilége.

(*Note de l'Auteur.*)

Clodion de Créquy, Sire de Heymont, votre VIIIe aïeul.

Après vous avoir expliqué le sujet de ce grand tableau, je vous dirai seulement que l'heureux Bienheuré s'en fut jusqu'à Nantes avec son libérateur et sous bonne escorte, qu'il épousa quelques années après une fille de la maison d'Illiers, et que leur postérité subsiste encore en Vendômois.

Bienheuré de Musset avait tellement disposé le cœur des siens à la gratitude pour les Créquy, qu'on s'en est toujours souvenu de part et d'autre ; et c'est d'où vient que, depuis 260 ans, il y a eu continuellement, entre ses descendans et vous autres, Messeigneurs, un échange empressé de grands services, de bons offices et autres marques d'un attachement suranné, mais qui n'a pu tomber en caducité. On en compterait les preuves à cent par génération, sans lacune et sans tiédeur, sans aucune relâche et sans fatigue. C'est peut-être une chose unique aux annales de la noblesse, et votre grand-père me disait toujours que la famille de MM. de Musset était à ses yeux comme un rameau puîné de sa maison. Je vous exhorte à vous en souvenir, et d'autant plus qu'ayant perdu plusieurs procès domaniaux et féodaux, je ne les crois pas en trop bon état de fortune.

Arrivons maintenant à ma bonne amie, Mademoiselle de Musset, que je n'ai jamais vue, mais que je n'en ai pas moins connue pour une personne d'un mérite et d'un esprit infiniment distingués. Les Rochambeau m'avaient parlé de Mlle de Musset, qui se tenait à Vendôme, et qui défendait la place contre le jansénisme en y faisant guerre à mort aux Pères de l'Oratoire. Elle avait fait sur la grâce et contre les Quesnellistes un livret charmant, avec cette épigraphe : *Servite Domino in lætitiá*, ce qui n'était pas un avis inutile à ces tristes pédagogues, et ce qui lui valut du P. Delalande une longue réplique où les rieurs ne furent pas du côté des Oratoriens (1). Le Pape Lambertini l'avait honorée d'un Bref apostolique à l'occasion de son ouvrage, et tout ceci faisait à Mlle de Musset un honneur infini ; mon cœur moliniste en fut ému tendrement et dans un accord parfait avec nos traditions familières.

Je passe à Vendôme pour aller à mes Gastines, et je me fais conduire au logis de cette illustre fille, où j'eus la contrariété de ne la trouver point, vu qu'elle était sur la route de ses closeries, qui étaient dans le bas Vendômois. Mlle de Musset n'allait jamais en voiture : elle avait peur en voiture ; elle avait peur à cheval. Elle avait aussi l'horreur des ânes, et c'est une infirmité qui (néanmoins) l'avait toujours empêchée de sortir de son petit pays. Elle ne voulait aller jamais que sur ses jambes, et n'avait jamais dépassé Châteaudun du côté de Paris, où pourtant son mérite, assisté de la poste aux chevaux, l'aurait fait parvenir en toute sûreté d'existence et pleine sûreté d'amour-propre. C'est toujours en vain que je l'ai priée, fait prier, et je puis

---

(1) Voyez *Lettres d'une consœur de la congrégation séculière de Nostre-Dame de Liesse à Messire François de Fitz-James, Évêque de Soissons*. Blois, *chez Louis Martel, imprimeur de l'évêché*, 1744, avec privilége du Roi.

ajouter supplier, de venir passer trois mois d'hiver à l'hôtel de Créquy ; elle me répondait avec Frère Jean : — Bienheureux celui qui se tient sur le plancher des vaches ! quand il a un pied à terre, l'autre n'en est pas loin. Mais je vous dirai mieux : c'est qu'elle n'avait pas voulu recevoir la prébende et la croix du grand chapitre de Maubeuge, où ses preuves de noblesse étaient admises, attendu qu'il aurait fallu partir en voiture pour arriver jusqu'en Lorraine, et que son pauvre cœur en palpitait d'effroi. Nous nous écrivions souvent.

Mon temps d'arrêt ne fut pourtant pas tout-à-fait sans résultat dans cette petite ville, où M. le Chevalier de Créquy avait élu son domicile à cause du bon marché des comestibles et du bas prix des combustibles apparemment (1). Je le vis pendant cinq à six minutes, et ce fut bien assez ; mais on m'en rapporta mille choses de ladrerie qui m'auraient fait rougir s'il n'avait pas été bâtard. Il avait patrimonialement, et sans compter ses appointemens de colonel, trente-six mille livres de rente, et le vilain n'allait jamais que par les voitures publiques, où son bel air de galanterie le faisait émerillonner auprès des belles du coche, en tout bien tout honneur et sans bourse délier s'entend ; car c'était là tout ce qu'il fallait à ce grippe-sou. Imaginez qu'il était allé chercher lui-même une vieille carcasse de berline qu'il avait fait remiser, il y avait cinq ou six ans, chez l'Évêque de Chartres, et qu'après la première poste, il se fit traîner, jusqu'à l'avant-dernier

(1) Voyez, sur ce personnage, la note de l'auteur, Tom. IV, chap. 7, page 155.

relai du côté de Vendôme, à la queue d'une grosse charrette de roulier, moyennant une pièce de 24 sous. Il s'était prémuni de quoi manger, et il passa deux jours et deux nuits dans son cabas : ses quarante-huit heures de jour à faire des chiffres sur un vieux carnet de peau d'âne qu'il avait toujours en poche, et ses deux nuits sur un bas-côté de la grande route, en station devant des portes d'auberges, à l'enseigne de la Belle-Étoile.

Il y avait dans une vieille maison de Vendôme un vieux bourgeois nommé Godinot, qui passait pour le plus avare des hommes, et le Chevalier de Créquy n'avait pas manqué de se mettre en rapport avec lui. Il est à remarquer que tous les avares d'un même pays se connaissent toujours parfaitement, et souvent plus familièrement qu'on ne le suppose. Réciproquement, ils s'observent et se considèrent ; ils se visitent pour se condouloir ou se congratuler ; ils se conseillent, ils se dirigent, ils s'encouragent; et c'est comme une sorte de congrégation. En arrivant, pour le début, l'un chez l'autre, avec un air de précaution modeste : — Monsieur, j'ai pensé que vous me permettriez de venir causer avec vous et vous consulter relativement à *l'ordre* et *l'économie*………
— Monsieur, vous avez trop de bonté : je n'ai rien à vous apprendre en fait d'*arrangement ;* il y a déjà long-temps que votre réputation de *prudence* et de *sagesse* est venue jusqu'à moi. On a remarqué que deux avares ne se parlent jamais sans employer toutes les formules d'estime et de considération les plus respectueuses, et je suppose que c'est en dédommagement des paroles de mépris ou des

preuves d'animadversion qu'ils s'attirent d'un autre côté.

On rapportait de notre Chevalier qu'il avait toujours l'attention de souffler la chandelle aussitôt qu'il arrivait chez cet homme de Vendôme, à qui sans doute il avait soin de faire observer qu'on n'a pas besoin d'y voir pour ne rien faire et qu'on peut très-bien parler à tâtons. Après avoir causé pendant toute une soirée sans feu ni sans flamme, au cœur de l'hiver, il se trouva que, pour éclairer le départ de son hôte, le bonhomme entreprit de rallumer sa chandelle en soufflant sur quelques charbons, et il aperçut alors M. le Chevalier qui rajustait précipitamment les bricolles et les boutons de son haut-de-chausses. — Holà! ouais, Monsieur! voilà que je vous prends en fraude ; et quelle économie faites-vous donc là que je ne sache point? — Monsieur, lui répondit l'autre avare, je vous dirai que j'ai pour le présent, sauf votre respect, une culotte de velours à peu près neuve, et j'ai pensé qu'il ne serait pas déshonnête à moi, vu l'obscurité, de la détacher et la descendre assez pour ne s'user point et ne pas la faire miroiter sur cet escabeau. Laissez-moi vous dire, à ce propos, qu'il ne faut jamais laisser mettre de la cire au fond non plus qu'au dossier des siéges. Savez-vous bien qu'à revendre, et si parfaitement bon qu'il fût, du velours *miroité* perdrait environ soixante pour cent?....

La prodigieuse avarice de cet homme n'était pas à mon avis, ce qu'il y avait de plus déraisonnable et de plus contrariant pour nous dans ses habitudes. il avait l'inconvénient de s'emphasier et s'engorger l'admiration pour les personnes les plus insipides ou les plus sottement ridicules, et puis c'était un dégorgement de fausse rhétorique, avec des exagérations laudatives et superlatives à lui rompre en visière. Je ne sais trop s'il était de bonne foi dans toutes ces amplifications; et ce qui m'en ferait douter, c'est qu'il se serait plutôt laissé crucifier que de sacrifier un écu pour la famille Calas ou la famille Sirven, par exemple, et qu'il était néanmoins un de leurs partisans les plus tristement passionnés et les plus mortellement ennuyeux. Mais, dans tous les cas, je ne l'ai jamais vu faire que de l'enthousiasme à bon marché. J'avais dit autrefois que la plus ridicule et la plus choquante de toutes les affectations était celle de la simplicité; mais je trouve aussi qu'il est impossible de s'accoutumer à des paroles d'enthousiasme et des airs d'entraînement de la part d'un avare. C'est, je crois bien, parce que l'enthousiasme est généreux de sa nature, et parce que l'entraînement a toujours quelque chose de *périlleux*.

Prenez garde à ce que tous les hommes qui se laissent dominer par un goût *sordide* ont toujours quelque point d'afféterie dans le caractère; et je pense que c'est l'habitude de la dissimulation qui les conduit à l'affectation. On suppose et l'on espère cacher ce qu'on fait en affectant ce qu'on ne sent pas; et, du reste, je n'ai jamais connu aucune personne *affectée* qui fût d'un caractère et d'une conduite tout-à-fait estimables.

Il nous arriva huit jours après, à Montflaux, sans valet de chambre et par le coche (votre parent du côté gauche). Il avait fait connaissance en route avec une honnête et discrète Mancelle appelée Mme Lescombat. — Comment, disait-il, n'avez-vous jamais ouï parler ici de Mme Lescombat ? Elle est si gracieuse et si bien stilée qu'on dirait une dame de Paris ; elle est de la réserve et de la douceur les plus aimables ; elle est très bien mise, et j'ai remarqué qu'elle est très soigneuse pour toutes ses petites affaires. Enfin c'était un miroir de perfections. — Je l'irai voir au Mans, sous deux mois d'ici, quand j'aurai fini ma cure et que j'aurai pris mes bains de vendange. Elle m'a donné son adresse, et je ne manquerai pas de faire le voyage à dessein de la visiter. Le messager nous a dit qu'elle avait au moins cinquante ans ; mais elle n'en est pas moins charmante !... Et le voilà parti pour le Mans quand il eut fini sa cure et qu'il eut grappillé plus de raisin dans les vignes d'autrui que tous les clercs et les séminaristes en vacances, et tous les renards du pays, sans compter les grives. Il revint à Montflaux trois jours après ; mais il avait l'oreille basse, et votre père lui demanda si c'était que Mme Lescombat ne l'avait pas reçu bien poliment. — Hélas ! nous dit-il, vous n'avez pas d'idée d'une aventure pareille à celle-ci ! J'arrive au Mans ; je demande la maison de cette dame : on me rit au nez ; j'insiste, et je trouve un honnête mendiant qui me conduit à sa porte. Jolie maison, par ma foi ! avec un balcon sur la rue ; mais tous les contrevens étaient fermés. Je m'en inquiète ; je heurte à la porte, et je finis par y frapper à tour de bras. Alors il est arrivé une grosse servante qui m'a dit que, si je voulais voir Mme Lescombat, je n'avais pas une

minute à perdre, et qu'il fallait m'encourir sur la place des Croixpilliers, à l'autre bout de la ville....
— Il paraît qu'on était en train de la pendre, en punition de ce qu'elle avait empoisonné son mari. Elle avait peut-être déjà la corde au cou.....

Voyez (si vous voulez) la belle histoire de Mme Lescombat dans le recueil des *Causes célèbres* de Guyot de Pithaval.

CHAPITRE II.

Une dame de province en 1760. — Les chemins vicinaux. — Une gentilhommière du Maine. — Le mauvais gîte. — Accident de voyage et souper ridicule. — Effet d'un bon arrangement pour rétablir sa fortune. — Ruine et restauration du château de Fontenay-sur-Sarthe.— Maxime de Mme de Maintenon sur le bon goût. — Le meurtrier pénitent. — Sentence de mort contre un curé. — Sa grâce obtenue par l'auteur. — Indiscrétion de l'abbé Lamourette au sujet d'une confession de Mme de la R. — Remarque sur le secret gardé par les prêtres apostats depuis la révolution.

A son retour du Mans, le Chevalier de Créquy se passionna pour une de nos voisines qui n'avait assassiné personne, à moins que ce ne fût quelque vicomte de Jodelet en lui *dérobant le cœur en tapinois*; car c'était une véritable précieuse de Molière (1). Ce genre-là s'était perpétué dans la province, mais je crois bien que notre précieuse Mancelle était la dernière de l'espèce; et, dans tous les cas, je n'ai jamais rien vu de plus extravagant. Je ne voudrais pas la nommer, à cause de son fils qui mérite toutes sortes d'égards, mais sa terre

(1) Elle aimait les expressions recherchées, et je me souviens qu'ayant l'intention de nous parler d'un chirurgien *pédicure*, elle avait dit un *épicurien*.

avait nom Fontenay : cherchez dans les environs de Montflaux.

Elle n'était pas de ces veuves qui rétablissent la fortune de leurs enfans pendant leur minorité ; car elle employait tout le revenu de son fils, dont elle avait la garde noble, à s'acheter des manteaux de lit en vilaines dentelles ainsi que des jupons roses, à l'imitation de Mme Malbroug. C'était des toilettes du Roman comique et du temps de Mesdemoiselles de Létoile et de La Caverne, avec des soieries déteintes et des pierreries en négligé de campagne, et quelles pierreries, mon bon Dieu ! des pointes de diamant de vitrier, culminant sur des topazes de Bohême, avec des enchâssures en argent noir et massif. Son équipage était à l'équipolant du reste, et quand son carrosse ne roulait pas, les poules y juchaient sans contestation. Un jour qu'il avait été passablement bien lavé par les eaux du ciel, mon fils lui demanda comment il se faisait qu'il y eût un chapeau de Protonotaire apostolique avec des cordelières autour de ses armes. — Nous allons satisfaire à la curiosité de M. le Marquis, et nous lui dirons que cet équipage nous est provenu d'héritage, ayant appartenu à feu M. notre oncle l'Abbé Mitré de St-Laud, dont il était le carrosse du corps. J'en ai fait effacer la crosse et la mitre (il y avait effectivement de vilaines taches noires en place de ces deux insignes) ; mais j'ai fait réserver cet ajustement du chapeau qui me semble agréable à voir... — Et vous avez toute raison, lui dit le Chevalier, d'abord parce que c'est une marque d'illustration pour votre famille, et parce que tout le monde est en droit et liberté d'avoir un chapeau rond..... En outre, est-ce que les veuves ne portent pas des cordelières autour de leurs armes?

Voilà des raisonnemens comme il en savait faire; et, fût-il appuyé sur la vérité des choses et la réalité des faits, on pouvait toujours compter sur une conclusion déraisonnable. Les fleuves ne vont pas plus naturellement et plus invinciblement à la mer que le Chevalier de Créquy n'aboutissait à l'absurde.

Après avoir reçu de la dame en question des visites sans nombre et des invitations sans fin, je prends mon parti résolument, je monte en carrosse avec votre père, et nous voilà sur le chemin de Fontenay, qui n'était praticable que pour les bœufs, ce dont M. le Chevalier et sa bonne amie n'avaient pas eu l'attention de nous avertir. Ce n'était pas qu'on fût en danger de verser : la profondeur des ornières y mettait bon ordre; mais on risquait de n'arriver jamais. Mes pauvres chevaux s'abattaient en soufflant d'ahan pulmonique, et puis s'empêtraient dans leurs harnais en se relevant sous les coups des postillons ; c'étaient des traits rompus, des ruades, et surtout des jurons d'écurie à me faire étouffer de colère. Je voulus absolument descendre : nous mettons pied à terre au bord d'une fondrière, et nous voilà partis à travers champs, mon fils et moi, l'un portant l'autre et bras-dessus, bras-dessous. Nous n'étions qu'à trois quarts de lieue de Fontenay, disait-on ; mais nous fîmes apparemment fausse route, et je ne sais comment il se fit que nous n'y pûmes arriver qu'à la fin du jour, après trois heures de marche et de fatigue inouïe. Nous trouvâmes la dame du lieu sur un banc de pierre et sous un tilleul, à la porte de son castel : elle avait à ses pieds une de ses chambrières, accroupie sur l'herbe et sur ses talons, qui lui faisait la lecture d'*Hppolyte Comte de Duglas*, tandis qu'une petite paysanne sale et joufflue se tenait debout sur le même banc, pour y manœuvrer avec un grand plumail dont elle s'escrimait contre les guêpes. On voyait, à distance respectueuse, un garde-chasse armé jusqu'aux dents, et c'était à cause des loups enragés, ce disait-il. Notre belle dame était dans un grand peignoir d'étoffe de paille brodée de grosses pivoines en laines de couleur; elle avait un masque gris bordé de paillettes, et d'énormes gants de nuit qui sentaient la vieille pommade au serpolet. Grands complimens, force doléances sur notre mésaventure, et mille imprécations contre les intendans, qui ne s'occupent jamais des chemins que lorsque le Roi doit y passer. C'est toujours le même refrain de la part de certains hobereaux et de leurs hoberelles, qui ne font jamais servir la corvée qu'à leur profit métayer. Comme il commençait à pleuvoir, on décida qu'il était bon d'entrer dans le château, et le garde-chasse se mit en avant-garde, afin d'éclairer la marche. On n'avait que la cour à traverser; mais, quand on a des loups enragés dans la cervelle, les loups enragés se fourrent partout.

Je n'entreprendrai pas de vous faire une description détaillée du manoir féodal de Fontenay, et je vous dirai seulement qu'il y pleuvait dans les chambres à peu près autant que dans la cour; mais c'était avec la différence que le pavé de la cour finissait par sécher aux rayons du soleil, tandis que la pluie faisait dans les chambres du château des mares qui ne séchaient jamais. Le premier étage était devenu tout-à-fait inhabitable, et l'on nous fit entrer dans une salle basse toute décarrelée, entre quatre murailles lézardées, couleuvrées, crevassées, et parsemées de gros clous et de crampons rouillés qui retenaient, par-ci par-là, quelques vieux morceaux de tapisserie. On nous présenta de grandes chaises de bois qui n'étaient pas garnies. La pluie tombait à torrens, et je finis par être saisie d'un froid mortel. Voilà mon fils qui s'alarme et qui demande qu'on me fasse allumer du feu ; mais il fut impossible de trouver une seule personne qui voulût sortir du logis et traverser la cour pour aller chercher du bois : ce n'était pas seulement à cause des loups, mais parce qu'il faisait du tonnerre, et cette châtelaine mal servie ne trouva pas d'autre excuse à m'en donner sinon que ses domestiques étaient d'un entêtement insupportable. C'était précisément comme ces père et mère qui disent à leurs enfans : — Mon Dieu ! que vous êtes mal élevés ! On avait dit de la salle à manger qu'elle se trouvait dans un autre corps de logis, de sorte que lorsqu'on vint annoncer le souper, je ne voulus pas quitter ce lieu de plaisance, où je restai deux heures d'horloge à trembler la fièvre. On m'apporta, dans une tasse à café, du potage à l'eau de rivière ; et, si je n'avais pris garde à la cuillère d'argent qu'on m'envoyait, je m'en serais fendu la bouche et tranché les joues, tant les bords en étaient amincis. Votre père et ses bons amis ont babillé pendant vingt ans sur le prodigieux souper qu'il avait fait. C'était des consommés à la chandelle (en hyperbole), avec des quenelles de fil à coudre et des semelles de bottes en partie de plaisir ; c'était des chaussons de laine en beignets pour entremets, disaient-ils, et des rognures d'ongles au naturel pour hors-d'œuvre ; enfin le Comte d'Escars avait ajouté que votre père aurait trouvé dans un hachis une dent...... Mais ce que votre père a toujours dit sérieusement et *ne varietur*, c'est qu'il était tombé, dans une fricassée de moineaux, sur une petite chouette à bec retord, et que la liqueur qu'on lui servit était de l'eau-de-vie de lavande, où l'on avait ajouté de petits morceaux de sucre d'orge qui n'avaient pas eu le temps de se dissoudre.

Cependant la nuit s'avançait et la pluie ne discontinuait pas, ce qui redoublait mes tribulations parce qu'il fallait traverser la cour pour aller se coucher, à moins que je ne voulusse surmonter le vide et l'absence de quatre ou cinq grandes marches de pierre qui s'étaient détachées du principal escalier, et qui gisaient en débris sur le pavé du vestibule. On disait que tout le reste de l'escalier se trouvait dans le meilleur état possible, et l'on proposa de m'y faire grimper à l'échelle ou hisser avec des cordes.... M. votre père n'y faisait aucune opposition, mais, avant de m'y décider, je voulus inspecter l'état des lieux, et le courage me manqua. Il fallait donc traverser la cour, et sans parapluie. On avait parlé d'envoyer chercher le dais qui servait aux processions, mais l'église paroissiale était trop éloignée, sans compter que j'aurais eu scrupule de m'y placer en usurpation sur le Saint-Sacrement. Enfin l'impatience me prend : je m'élance avec mon fils au travers des gravois, des chardons et des orties mouillées; mes pieds s'embarrassent au milieu d'une touffe de ronces, et voilà que je tombe (heureusement) sur un tas de fumier. On nous poursuivait avec une chandelle, que le vent ne manqua pas d'éteindre; on courut à l'écurie pour y chercher une lanterne, à laquelle on fut obligé d'ajuster une feuille de papier, ce qui dura pour le moins vingt minutes; et pendant tout ceci notre belle hôtesse était à gémir au milieu de sa cour et des ténèbres et sous un déluge de pluie, ce qui me faisait pourtant grand'pitié. — Je vous conjure et vous supplie de retourner dans votre appartement, lui criais-je de toute ma force. Me voilà sous un porche : je vais entrer lorsque j'y verrai clair, et ceci ne tardera pas. Allez vous coucher, ma chère madame, allez donc vous coucher, je vous en supplie ! — Ce serait une chose inimaginable ! répondait-elle avec un ton compassé, et tout aussi prétentieusement qu'elle aurait pu faire dans les salons de Montflaux en y causant avec le Chevalier de Créquy. Je sais comment on doit faire les honneurs de son château, Madame, et je ne veux pas m'en rapporter à mes gens pour savoir si vous ne manqueriez pas de quelque chose. — Vous pouvez compter que je ne manquerai de rien; mais vous allez vous enrhumer, vous allez tomber de fatigue, et je m'en désespère !... Impossible de lui faire lâcher prise, et l'opiniâtreté de cette ennuyeuse était ce qui m'excédait le plus. Enfin la lanterne arrive, et nous commençons par descendre dans une grande pièce où l'eau ruisselait de partout, et où M. le Chevalier de Créquy n'en couchait pas moins lorsqu'il venait à Fontenay. Il y avait dans cette chambre une grande cheminée où quinze personnes auraient pu s'aligner commodément, et dont le manteau formait comme un toit soutenu par deux colonnes torses en bois d'alisier. La châtelaine avait fait boucher le tuyau de cette cheminée, et le lit du Chevalier se trouvait placé dans l'âtre avec une table de nuit, un vieux fauteuil et un prie-dieu. Comme le sol de l'âtre était élevé de 15 à 18 pouces au-dessus du pavé de cette chambre, il y formait une espèce de promontoire assez inabordable ; et je vous dirai qu'une table pour la toilette était établie sur deux soliveaux couverts avec des planches. Pour y parvenir plus commodément, on avait fait pratiquer une jetée, fortifiée dans le milieu par une sorte de bâtardeau construit avec des coffres et des caissons ; mais le Chevalier disait que toute cette humidité ne lui déplaisait pas du tout, parce qu'elle lui rappelait le siège d'Avesnes, où il avait passé deux mois les jambes dans l'eau. Ma chambre, où l'on arrivait par un degré de pierre en colimaçon, se trouva beaucoup moins incommode et beaucoup mieux meublée qu'on n'aurait dû le croire ; car il est bon d'observer que cette maison, très vaste et de noble apparence, avait toujours été bien pourvue jusque-là que cette précieuse ridicule eût été chargée de la tutelle de son fils, dont elle avait laissé crouler et l'effondrer le toit paternel par son mauvais ménage et son défaut d'entretien, la vilaine sotte ! J'eus de la peine à m'endormir, parce que les draps de mon lit sentaient le chanvre; et, le lendemain matin, je ne trouvai pour ustensiles de toilette qu'une assiette à soupe avec une bouteille de verre en guise de pot à l'eau.

Je vous prie d'observer, en voyant aujourd'hui ce même château de Fontenay si bien ajusté, si convenablement pourvu de toutes choses, avec ses jolies tourelles à demi voilées par des rideaux de peupliers et ses jardins si fleuris et si gais qu'on dirait les voir sourire avec un bouquet sur l'oreille, je vous prie d'observer que le propriétaire actuel est pourtant moins riche de quarante mille écus que ne l'était sa mère; car elle avait contracté pour cent quatre-vingt mille livres de dettes qu'il a bien voulu payer. Il a trouvé moyen de relever tous ses corps de ferme et de rétablir son château qui tombaient en ruines; il a toujours passé huit mois de l'année dans son domaine, où il exerce une hospitalité la plus noble et la plus généreuse. Ainsi vous voyez le profit et les agrémens qui suivent toujours le bon ordre et le bon ménage, je pourrais ajouter le bon goût et la raison; car il est à remarquer que toutes les personnes qui ont un goût ridicule ont encore un inconvénient plus déraisonnable, et vous pourrez observer que, par-dessus toute chose, elles sont toujours follement désordonnées dans l'administration de leur fortune. Je vous ai déjà dit qu'un très bon goût suppose toujours un grand sens, et c'est un adage dont on ne saurait contester la vérité.

Pendant que je pense au château de Fontenay, voici l'occasion de vous parler du malheureux curé de cette paroisse, qui fut condamné à mourir sur un bûcher par arrêt du parlement de Bretagne, et qui n'en était pas moins le meilleur homme du monde, ainsi que vous allez voir.

La seigneurie dominante et la haute-justice de Fontenay m'appartenaient à cause de mon marquisat d'Ambrières, que je n'ai rétrocédé à mon neveu de Tessé qu'en l'année 1775. J'avais deux grosses métairies dans cette paroisse; le fermier de l'une était un filleul du Maréchal de Tessé, qui s'appelait René Picard, et l'autre avait nom Jean Boucherie; tâchez de ne pas oublier ces deux noms-là. Les deux fermiers se rencontrent dans la forêt d'Ambrières et commencent par cheminer en parlant de leurs affaires; ensuite ils se prennent de querelle, ils s'échauffent; la colère s'en mêle: ils se gourment, et Picard reçoit dans la poitrine un coup de poing fermé qui l'étend par terre, et dont il meurt au bout de sept à huit minutes en vomissant des flots de sang. Boucherie s'enfuit; mais la réflexion lui suggère de revenir sur ses pas et de cacher le cadavre dans un fourré très épais, afin qu'il ne reste aucune trace de cet homicide. Il retourne ensuite à sa ferme; mais il n'y saurait tenir et va se confesser à son curé, qui lui impose l'obligation de réciter chaque jour, et jusqu'à la fin de sa vie, les sept psaumes de la pénitence à l'intention d'obtenir le repos de l'âme de sa victime; et le curé lui dit aussi de ne pas s'absenter de la paroisse, et d'y faire bonne contenance afin de n'éveiller aucun soupçon.

Cependant le curé de Fontenay devait aller souper, ce même jour, à la Mancellerie, chez les Picard; et quand on vit qu'il n'arrivait pas, on l'envoya chercher par un valet de ferme. Il finit par s'y rendre : il trouva toute cette honnête famille dans l'ignorance absolue de la mort de son chef, dont on n'attendait le retour que le surlendemain. On reçut M. le Curé comme on reçoit toujours un curé dans une métairie du Bas-Maine, à bras ouverts, avec une joie naïve, une cordialité respectueuse ; et la disposition de ces honnêtes gens faisait un tel contraste avec le triste secret dont le cœur de ce bon prêtre était oppressé, qu'il ne put retenir ses larmes et qu'il finit par éclater en sanglots. On ne manqua pas de l'interroger sur la cause d'une affliction si surprenante ; mais il ne répondit qu'en termes ambigus, et s'en retourna chez lui sans avoir pu manger de rien.

Picard avait un fils que j'avais laissé tirer pour la milice parce qu'il avait mauvaise tête : il était devenu soldat aux gardes-françaises ; et, pour le moment, il se trouvait en semestre à Fontenay. Quand il vit que son père n'arrivait point, il rumina sur les sanglots du pasteur : il se persuada que son père était mort et que M. le Curé ne l'ignorait pas. Il se rendit au presbytère afin de lui demander l'explication de ses gémissemens ; mais celui-ci, qui se reprochait déjà l'indiscrétion de sa conduite, évita de lui répondre et prétendit ne rien savoir, en lui faisant observer avec raison qu'il n'avait rien dit qui pût se rapporter à la disparition de René Picard. Le jeune homme insiste et n'en peut rien tirer ; mais pendant la nuit suivante il est agité par les rêves les plus sinistres. Il se lève et s'arme d'un pistolet ; il va se poster à la porte du presbytère, et lorsque le curé veut sortir, à cinq heures du matin, pour aller dire la première messe, il se précipite sur lui comme un furieux qu'il était ; il le maltraite et le terrasse en le menaçant de le tuer s'il ne parle pas. . . . . En sentant le canon du pistolet ur son front le curé s'écria : — Tuer un prêtre ! ignorez-vous donc que vous seriez excommunié ? — Mon père ? où est mon père ? criait le jeune soldat. Je vous tue si vous ne me dites pas ce qu'il est devenu ! — Malheureux garçon ! lui répliqua mon pauvre Curé, j'aime encore mieux parler que de vous voir encourir l'excommunication majeure et fulminante avec cloches sonnantes et cierges éteints ; et, moitié charité, moitié frayeur, il se mit à lui confier tout ce qu'il avait appris de Jean Boucherie. Ma justice instrumenta préliminairement contre le meurtrier, que le présidial du Mans voulait absolument envoyer à la potence, et que je fis maintenir dans ma prison d'Ambrières en dépit des injonctions et assignations de ce tribunal, dont j'ai toujours eu grand soin d'écarter les sentences et de faire décliner la juridiction bourgeoise à mes vassaux. Enfin le parlement de Bretagne évoqua l'affaire, et voici les principales dispositions de son arrêt.

Comme Jean Boucherie ne pouvait être interrogé ni récollé, par la raison que je l'avais fait évader et bien cacher dans mes sept tours, aux Gastines, d'où il n'est sorti que pour aller surveiller la fabrication du cidre à l'abbaye de la Trappe, il n'avait pas été nommé dans la sentence de Rennes ; mais il ne put jamais prendre sur lui de rester dans le même pays que les Picard, dont il avait tué le père ;

il en a fait, pendant 14 ans, la plus rude pénitence, et il est mort à Notre-Dame de la Trappe, en 1786.

Le soldat aux gardes fut condamné au supplice de la roue pour avoir arraché par la violence et pour avoir divulgué la déclaration du Curé de Fontenay, qui fut condamné à être brûlé vif pour avoir révélé la confession de son pénitent Jean Boucherie. Voilà qui se trouvait parfaitement conforme aux lois du royaume; et, si rigoureusement sévère que fût la sentence, elle fut approuvée généralement; mais, d'après la connaissance que j'avais du caractère de ce bon pasteur, et par un bon effet des sollicitations de mon neveu de Tessé pour le soldat, nous eûmes le bonheur d'obtenir la révision du procès; qui fut suivie de la grâce de tout le monde, et l'ancien curé, à qui son Évêque avait interdit à tout jamais l'exercice de la confession, fut obligé d'aller s'enfermer à la Chartreuse de Château-Gonthier, où l'on m'a dit qu'il vivait encore en 1788.

Voilà ce que j'avais à vous dire sur les prêtres et les paysans de Fontenay, dont on n'a pas entendu reparler depuis ce temps-là.

A propos de confession révélée, vous saurez que M. l'Abbé Lamourette était un jour à souper chez Mme de Lameth. — Je n'ai jamais confessé qu'une seule fois dans ma vie, se prit-il à dire, et j'ai bien juré qu'on ne m'y reprendrait jamais. C'était une indigne aristocrate! ah! grand Dieu! la nièce d'un Prélat de l'ancien régime, et vous n'avez pas d'idée d'un oncle pareil à celui-là!...... Ce prudent législateur de la Constituante avisa pourtant qu'il en

allait trop dire, et s'arrêta bien à propos, croyait-il.
Mais voici précisément Mme de la Reynière arrivant
en visite, et minaudant et roucoulant pour tout le
monde, à son ordinaire. — Eh! bonjour donc,
cher Abbé ! dit-elle à M. Lamourette... Je suis toujours si charmée de vous rencontrer !... Vous savez
que j'étais votre première pénitente ; et j'arrivais
alors de chez mon oncle d'Orléans. . . . . . Nous
devrions nous voir souvent, mon cher Abbé. Venez
donc souper avec moi jeudi prochain. Nous aurons
M. de Lafayette et M. de Condorcet : n'y manquez
donc pas (1).

(1) Il est singulièrement prodigieux, il est miraculeux peut-être que, parmi tous les crimes de la révolution française, on n'ait jamais entendu parler d'aucune révélation pénitencielle et sacramentelle de la part d'aucun prêtre apostat.
Note de l'Auteur.

CHAPITRE III.

Le Duc de la Vauguyon. — Le Dauphin. — Le Comte de Provence et le Comte d'Artois. — Éducation de ces princes. — Parfaite bonté de Louis XVI. — Sa clémence à l'égard du sieur Thiriot. — Réponse de ce prince à son grand-prévôt de l'hôtel. — Monsieur, frère du Roi. — Son caractère pendant sa jeunesse. — Son goût pour les mystifications. — Lettre de ce prince au Duc de Penthièvre. — Énigme et madrigal composés par Louis XVIII. — L'animal fantastique et les œufs de crocodile. — La Comtesse de Tessé. — Nouvelle école épistolaire. — Lettre pseudonyme sous le nom de m^{me} de Tessé. — Marivaudage et Crébillonage. — M. de Talleyrand et le style de ses billets. — Le Comte d'Artois adolescent. — Son seul défaut. — Remarque de la Duchesse de Beauvilliers. — Le Cardinal de Rohan. — Son ambassade à Vienne. — Cause de son inimitié avec le Baron de Breteuil. — Mariage du Dauphin. — Portrait de l'Archiduchesse Marie-Antoinette. — Son arrivée en France. — Le mariage, le bal de la ville et le feu de joie. — Présages sinistres. — Accidens funestes. — La nuit dans un fossé. — Mot de la Comtesse de Gisors. — Le Prévôt des marchands. — Sa famille. — Bignoniana.

Nous allons rentrer dans le cercle des affaires générales, et nous allons parler d'abord de la famille royale ; car vous pensez bien que les petits-fils de France ont eu le temps de grandir depuis la mort de M. le Dauphin jusqu'à celle du Roi. On leur avait donné pour gouverneur le Duc de la Vauguyon,

qui les a parfaitement bien élevés, malgré tout
ce qu'on a pu dire (1). On s'en prenait à lui de ce
que ces trois jeunes princes n'étaient pas toujours
au plus-que-parfait ; mais, mon Dieu ! n'en est-il
pas de la meilleure éducation comme de la dévotion,
qui n'a jamais influé sur le fond du caractère ? La
religion s'applique incessamment à combattre nos
défauts ; mais le mieux qu'elle fasse est d'en adoucir
les aspérités et d'en arrondir les angles, on pourrait
dire. Elle ne saurait détruire en nous le mauvais
germe de certaines dispositions originelles, et tout
ce qu'elle peut faire est de le comprimer pour en
empêcher la fructification. La dévotion participe de
l'humeur naturelle et prend toujours le caractère de
la personne qui la professe ; aussi paraît-elle sévère avec les uns, indulgente et facile avec les autres. Mais ce qu'on devrait observer équitablement,
c'est que, sans la religion, l'homme sévère aurait
été plus rigoureux que de justice, et que cette per
sonne indulgente aurait eu peut-être plus d'aménité
que de raison, plus de bienveillance passionnée que
de charité véritable....... Soyons aussi bien élevés
que possible, et devenons parfaitement religieux :
nous n'en resterons pas moins avec nos défauts ;
mais ils ne prendront pas un libre essor, ils n'aug-
menteront pas de vigueur en conséquence de leur
exercice ; c'est un point essentiel aux yeux des théo-

---

(1) Antoine de Quélen d'Estuer-Caussade, Duc de la Vauguyon, Prince de Carency, Marquis de St.-Mesgrin, etc. C'était
un homme d'esprit et de conscience ; mais il était ce qu'on
appelait alors anti-philosophe, et *indé iræ*.   (*Note de l'Aut.*)

logiens moralistes, mon enfant ; et du moins les personnes qui vivront autour de nous ne souffriront pas continuellement de nos imperfections individuelles et des inconvéniens attachés à notre caractère. A moins d'une vocation toute particulière et d'une parfaite correspondance avec la grâce de Dieu, c'est à peu près là tout ce qu'on peut attendre de l'humanité.

Dans la jeunesse de M. le Dauphin Louis X, et le XVI° du nom comme Roi de France, lequel a toujours été la sagesse et la vertu mêmes, il avait de la timidité, une apparence de brusquerie dans les premiers mouvemens, un peu de gaucherie peut-être, et par-dessus tout de l'irrésolution ; il avait beaucoup de savoir et de modestie ; il était compatissant et juste, économe et généreux ; il était d'une véracité scrupuleuse, et d'une telle sobriété qu'il ne buvait que de l'eau rougie. Je me souviens qu'on ne pouvait jamais obtenir de lui de ne pas s'endormir dans son carrosse en revenant de la chasse, et quand il en descendait au pied du grand escalier, il en avait toujours pour un demi-quart d'heure à chanceler, trébucher et se frotter les yeux. Il se trouvait toujours là quelques familiers du Palais-Royal, qui disaient d'un air hypocrite et de manière à pouvoir être entendus par les provinciaux et les badauds : — *Il est ivre mort.*

C'est une abominable invention, que les d'Orléans ont pourtant trouvé moyen de populariser; et je me rappelle, à cette occasion-là, que, douze ans plus tard, on vint dénoncer à M. le Grand-Prévôt l'insolence d'un individu qui venait de proférer ces mêmes paroles sur le passage du Roi, et ceci dans la galerie de Versailles : il se trouva que c'était un neveu du philosophe Thiriot, l'ancien commissionnaire et l'espion de Voltaire. M. de la Suze le fit arrêter; et le Roi, qui le vit passer dans la Cour de Marbre, escorté par des gardes de sa Porte, envoya demander ce que ce pouvait être. — Allons donc ! répondit Louis XVI en éclatant de rire ; je ne veux pas qu'on emprisonne un pareil imbécile : faites-le seulement conduire en dehors de la grille du château, et qu'on lui dise que je vais boire un verre de limonade à sa santé. Voyez donc ce tyran, farouche héritier des Clothaire et des Childebert ! Hélas ! hélas ! ce n'est pourtant pas sans raison que les Rois sont pourvus de la main de la justice et qu'ils sont armés du glaive de Dieu !...... O le meilleur des hommes et des Princes ! O saint Roi ! nous verrons bientôt les déplorables effets de votre insigne clémence ; vous recueillerez bientôt les fruits douloureux de votre extrême bonté !

Monsieur n'était pas celui des Fils de France que j'aimasse le mieux : il annonçait plus de faculté mémorative que d'intelligence naturelle, plus d'esprit que de jugement et plus de finesse que de véritable esprit. Il était plus susceptible d'engouement que d'attachement solide; il y avait dans ses airs de dignité quelque chose de factice, et dans son faux air de sérénité je ne sais quoi qui ressemblait à de la dissimulation ; il aimait à parler, et sur toute chose, mais il aimait surtout à conter des gaudrioles, opération dont il se tirait sans précautions oratoires et sans embarras, parce qu'il ne sentait rien. C'était un gros pansu qui vous parlait tout uniment des flammes et des feux d'amour, à dix-huit ans, comme il aurait fait des glaces du pôle antarctique ou de la frigidité de la lune. Apprêté (sans aucune autre sorte d'arrangement), il était suffisamment personnel et singulièrement passionné; il était formaliste et cynique. Enfin c'était un drôle de jeune prince, et j'avais pris la liberté de dire qu'il y avait en lui de la vieille femme et du chapon, du Fils de France et de l'homme de collége. Il a toujours eu l'aversion la plus décidée pour la famille d'Orléans; et j'ai toujours remarqué qu'il était plus judicieux dans ses aversions que dans ses affections. Il a toujours été libéral et magnifique: il aime à donner, et c'est peut-être la principale de ses qualités royales; mais il aime à donner avec ostentation, avec un éclat qui frise le scandale, et de manière à faire supposer qu'il ne donne rien pour rien. C'est un calcul, une affectation vaniteuse; et Dieu sait combien la générosité de ce Prince a toujours été gratuite!

Monsieur, Comte de Provence, avait toujours pris plaisir à se moquer du monde; mais, comme il ne pouvait se moquer ouvertement de ses officiers ni des autres courtisans, parce que le Roi son grand-père et le Roi son frère aîné ne l'auraient pas souffert, il se moquait du public autant qu'il pouvait. Il avait d'abord entrepris de mystifier les abonnés du *Mercure de France* en y faisant insérer des logogriphes et des énigmes sans mot; mais, si les OEdipe de la province et de l'île Saint-Louis s'en rebutèrent, ce fut sans en rien dire; et, comme il ne s'ensuivit ni discussions ni contestations, ce fut Monsieur qui s'en trouva mystifié. En l'année 1776, il avait pris la peine de composer une énigme à mon intention et de me l'envoyer par M. le Duc de Penthièvre; mais ceci pensa devenir une affaire sérieuse, attendu que ce dernier voulut en porter plainte au Roi, et que j'eus grand'peine à l'apaiser sur une chose qu'il avait la bonté de considérer plus sérieusement que je ne l'aurais fait moi-même, en la qualifiant de familiarité choquante. M. le Duc de Penthièvre n'admettait pas qu'on pût agir légèrement à mon égard; et c'était pour ce Prince une affaire de dignité personnelle, attendu qu'il n'avait tenu qu'à moi de l'épouser, après la mort de la Duchesse Marie de Modène. Mais j'avais passé la quarantaine et j'étais son aînée de quinze à seize ans; aussi fus-je tellement choquée de sa proposition qu'il me protesta, les larmes aux yeux, de ne jamais retoucher cette corde-là. Vous verrez qu'il ne m'a pas tenu parole aussi rigoureusement que je l'aurais voulu. Mais revenons à Monsieur, frère du Roi. Il est bon de vous prévenir qu'en 1776 il n'était âgé que de dix-neuf ans : et voici la copie de sa lettre à M. de Penthièvre;

« Mon Oncle et Cousin, et je puis ajouter mon bon et
« cher ami, je vous envoie l'énigme en question, pour
« que vous la remettiez à son adresse, et je ne doute
« pas qu'elle ne soit aisément devinée par Madame de
« Créquy qui...... Singulier nom que celui de Créquy,
« qui ne se trouve pas commode pour écrire l'histoire
« généalogique ou des anecdotes sur cette famille, à
« moins d'employer souvent les mots *lequel, laquelle*
« et *lesquels*, au lieu du *qu* qui viendrait perpétuelle-
« ment se placer après le nom de Créquy, ce qui ferait

« des *qui-qui* fâcheux pour les oreilles délicates. Bour-
« *bons-bons* ne vaudrait guère mieux pour l'euphonie;
« mais ceci ne revient plus aussi souvent que par le
« passé : les écrivains philosophes et les poëtes de ce
« temps-ci ne nous gâtent pas. Les Montmorency sont
« si...... vous savez bien quoi, que nos auteurs con-
« temporains n'en parlent jamais, ce qui ne leur est
« pas nuisible, et tant s'en faut ! Mais laissons la gram-
« maire et revenons à cette commission dont je vous ai
« prié de vous charger. Veuillez bien dire à Mme de
« Créquy que j'ai découvert qu'elle était l'auteur de
« ce fameux logogriphe des *Étrennes mignonnes*, et
« que je la prie d'y faire insérer cette énigme-ci à la
« suite de ses estimables productions. C'est une admi-
« rable chose, au moins, que ce logogriphe de Mme de
« Créquy ! Quelle fécondité chimérique et quelle ingé-
« nieuse obscurité ! que de mystères ! que j'envierais
« les ressources de sa muse, si je pouvais être jaloux
« d'un talent sans pareil et que je proclame hautement
« en toute occasion pour supérieur au mien ! N'est-il
« pas vrai, mon Cousin, que notre genre d'esprit n'est
« pas apprécié ce qu'il vaut ? Les personnes vulgaires ne
« peuvent se douter de tout ce qu'il en coûte d'efforts
« pour bien tortiller une énigme, et c'est à qui dira
« le plus de mal de notre occupation favorite. Heureux
« si la critique ne s'étendait pas injustement jusqu'à
« nos personnes !... Convenez aussi que, à la réserve
« de nos productions, à Mme de Créquy et à moi, il ne
« paraît plus rien que de pitoyable ; et, depuis la mort
« de notre pauvre confrère M. Ramelin, on n'a pas vu
« sur les bonbons ni dans le Mercure un seul rébus
« qui ressemble à rien ni une charade qui ait figure
« humaine. Je vous avouerai avec une franchise qui me
« coûte beaucoup, dont je n'use guère, mais que je crois
« devoir à Mme de Créquy à titre de collègue, je vous
« avouerai que le mot de son dernier logogriphe me

« paraît merveilleusement introuvable. Après un début
« si lumineux, j'ai presque p'euré de la voir se dérober
« à mon empressement en s'enveloppant de mille re-
« plis. J'en ai pourtant démêlé deux ou trois mots, mais
« ils me paraissaient si diablement disparates que je
« ne saurais en former un tout qui ait l'air de quelque
« chose. Voilà le comble de l'art logographique, et votre
« illustre amie peut se vanter d'en avoir reculé les
« limites. On aurait bien voulu me faire entendre que
« ce mot était peut-être *buffet d'orgue* ou *Sardanapale*,
« à la couronne près; mais j'ai vu le piége... *et mon
« premier n'est jamais mon entier*. Mon Dieu ! mon
« Cousin, comme cette fin de charade, appliquée à un
« logogriphe, est bien une formelle contravention de nos
« lois, qui n'a pu s'opérer sans une raison majeure !
« Mais quelle est cette raison? voilà ce que j'ignore. Peut-
« être, me suis-je dit, est-ce un nom propre extraor-
« dinaire qu'il faudrait chercher dans l'almanach de
« Gotha; peut-être est-ce un objet que la pudeur ne
« permet pas de désigner d'une manière palpable; peut-
« être est-ce un être de raison. Mais non, mon Cousin,
« non, cela serait barbare; et, malgré les licences de
« notre code énigmatique, il ne saurait être permis à
« Mme de Créquy de surprendre ainsi la confiance et la
« bonne foi de ses nombreux lecteurs. En vérité, le
« logogriphe m'intimide; je n'ose m'élever jusqu'à sa
« hauteur, et je veux me borner à l'énigme : elle est
« plus simple dans ses allures; elle est mieux assortie à
« mon caractère enjoué qui n'a rien de fallacieux; et,
« du reste, il est encore assez glorieux de s'en bien tirer;
« une bonne énigme ne se trouve pas souvent dans le
« pas d'un mulet, comme dirait le Comte de Brionne;
« car enfin, mon Cousin, qu'est-ce que l'énigme? C'est
« une agréable opération de l'esprit par laquelle on veut
« faire entendre une petite chose, qu'on ne veut pas dire
« parce qu'elle n'en vaut pas la peine. Eh bien, je trouve

« encore d'autres avantages à faire des énigmes : d'abord
« on prend l'habitude de ne jamais parler tout-à-fait,
« ce qui nous évite une foule de reproches ou de tracas-
« series journalières, sans compter la perte du temps
« (qui fuit toujours, comme vous savez); en outre,
« on se rend profitable aux autres par des façons mys-
« térieuses qui exercent l'esprit des personnes ; enfin
« j'ai cru remarquer, en voyant notre cousin de Saxe,
« qu'une réserve honnête embellissait prodigieusement
« un jeune prince, et, depuis ce temps-là, je ne dis
« plus rien qu'à moitié. Je n'aurai pas la fausse mo-
« destie de vous parler humblement de mon petit ou-
« vrage; car Mme de Créquy, qui a le coup d'œil très
« sûr et très prompt, ne manquera certainement pas de
« le juger favorablement du premier coup d'œil. Je me
« recommande, au surplus, pour la prompte insertion
« de mon énigme à l'obligeance que je dois supposer à
« notre cousine et votre amie, puisqu'elle accompagne
« d'ordinaire l'esprit et les talens.

« Puissent les Dieux inconnus, protecteurs du double
« sens, verser abondamment sur vous tous les trésors
« d'une éloquence mystérieuse! puissent-ils vous con-
« server les yeux du Lynx, le voile d'Isis et les bandelettes
« d'Horus, qui mourut vierge, à ce qu'on dit! puis-
« sent-ils vous accorder une longue suite de demi-
« jours, les faveurs d'une ombre douteuse et quel-
« ques nuits allégoriques (1). Je vous proteste sans
« métaphore, etc.

« L. S. X. »

---

(1) ÉNIGME COMPOSÉE PAR LOUIS XVIII
EN 1776.

« Je suis un pénible sentier
« Où l'amour fit mainte surprise ;

Vous pensez bien que je n'avais jamais ni fabriqué ni fait imprimer aucun logogriphe. Quand il était seulement question d'une charade, je m'écriais et m'enfuyais ; et, quant à l'énigme composée par Monsieur, je vous avouerai que je n'ai jamais essayé d'en trouver le mot. M. de Penthièvre eut la bonté de lui parler de Mme de Créquy, *qui* n'était pas en humeur et dans l'usage de se prêter à des espiègleries d'écolier, et la première fois que j'allai faire

---

« Je suis non loin du bénitier
« Quoique je sois hors de l'église ;
« Je suis féminin, masculin,
« Douteux en grec, neutre en latin ;
« En hébreu je ne le puis dire
« Sans vous dévoiler mon secret.
« Avec les mânes je soupire ;
« Je suis voilé, mais indiscret,
« Et c'est la rage qui m'inspire.
« D'émouvoir j'ai reçu le don.
« Je suis présent à la parade.
« De l'énigme j'ai l'abandon,
« La profondeur de la charade.
« Je sais employer sans abus
« L'importance du hiéroglyphe,
« La réticence du rébus
« Et la noirceur du logogriphe.
« Enfin je suis un malheureux,
« Un sylphe, une ruine, une belle,
« Je suis un disque lumineux
« Et je suis une bagatelle.
« Pour deviner, je suis un lynx ;
« Hercule me trouva futile.
« Pour me cacher je suis un sphinx ;
« C'est..... une chose fort utile.

(*Note de l'Éditeur.*)

ma cour à Versailles, Monsieur n'osa pas me dire un seul mot qui pût me faire songer à sa belle épître et ses prosopopées de collége. Nous avons toujours été bons amis depuis ce temps-là ; jusqu'à l'époque de la révolution, s'entend ; car un Prince qui nage entre deux eaux, qui sourit à la plébécule, et qui semble incliner du côté de la démocratie, me paraît un homme insupportable.

Monsieur ne manqua pas d'organiser d'autres mystifications, qui lui réussirent beaucoup mieux que celle de notre énigme. Par exemple, il imagina de faire parler dans tous les journaux de Paris d'un animal extravagant pour sa conformation, car il avait, disait-on, des pieds d'autruche et des cornes de buffle, avec une queue de singe et la crinière d'un lion. On en fit graver des milliers d'estampes, et l'on nous écrivait de partout pour nous demander quelques détails sur cette curiosité prodigieuse. Tout le peuple était persuadé que rien n'était plus vrai, ce qui réjouissait beaucoup Monsieur et ce qui m'ennuya prodigieusement. Une autre fois, il fit insérer dans le Mercure de France une sorte de procès-verbal de la douane de Marseille au sujet de l'ouverture d'une malle où notre consul d'Alexandrie avait mis des œufs de crocodile, lesquels étaient éclos pendant la traversée, lesquels étaient sautés sur les douaniers pour les dévorer, etc. Le Journal des Savans se mit à disserter là-dessus, et voilà ce qui nous parut divertissant.

Monsieur faisait joliment les vers. il m'avait envoyé sa traduction de la première épître d'Horace, que je suis fâchée d'avoir perdue ; je ne retrouve ici que le madrigal adressé par ce Prince à sa belle-sœur (Madame la Dauphine), en lui envoyant un éventail, et je crois inutile de vous le rapporter, parce qu'il se trouve sur toutes les tablettes (1).

Je suis obligée de convenir pourtant qu'une des meilleures plaisanteries du monde est une certaine lettre écrite par Monsieur à la Vicomtesse de Lussan au nom de la feue Comtesse de Tessé (2), laquelle épître est datée des *Champs-Elysées*, et laquelle est assurément la meilleure critique de cette sorte d'esprit vide et creux, faux et bruyant dont cette Comtesse de Tessé nous avait fatigués pendant soixante et tant d'années de prétentions, de préventions, de précipitations frivoles et d'exclamations glapissantes. Clairaut disait d'elle que c'était le chaos dans le vide et le néant dans l'agitation. On attribua généralement cette belle épître à la Marquise de Coigny, dont le mauvais genre d'esprit est parfaitement analogue à celui de la défunte, et le plus joli de cette affaire était de voir Mme de Coigny s'en appliquer les félicitations ironiques et s'en pa-

(1.) 1796. Comme je ne sais plus ce que seront devenues les tablettes avec le quatrain, à cause de la révolution, je vais l'ajouter en marge, afin de vous en éviter la recherche :

<blockquote>
Au milieu des chaleurs extrêmes,
Heureux d'amuser vos loisirs,
J'aurai soin près de vous d'amener les zéphirs.
Les amours y viendront d'eux-mêmes.
</blockquote>

(2) Marie-Julie de Béthune de Sully de Charost, belle-mère d'Adrienne de Noailles, aujourd'hui Comtesse de Tessé, dont je ne vous tiens pas quitte. (*Note de l'Auteur.*)

vaner injustement. On aurait tellement cru entendre parler Mme de Tessé, ou lire une de ses lettres, que tout le monde s'y serait trompé, si elle n'avait pas été morte. Mme de Lussan en fut la dupe, au point de se persuader que la défunte avait écrit cette même lettre avant sa mort, et sous la rubrique de l'autre monde, attendu qu'il n'existait plus personne qui fût capable d'écrire avec un pareil agrément.... Voyez donc la sagacité de cette vicomtesse ! Monsieur n'a jamais rien fait qui vaille cette lettre ; et je vais la faire copier ici, pour vous donner une idée de la manière de ces dames et de ce que nous appelions le Crébillonage amarivaudé.

Lettre écrite par Monsieur frère du Roi, sous le nom de la Comtesse de Tessé, deuxième douairière, à la Vicomtesse d'Esparbès de Lussan.

Aux Champs-Élysées, ce 25 août.

« Mon enfant gâté, ma Louise, de l'autre monde
« mon ombre vous souhaite une bonne fête. Comme je
« n'ai perdu que la vie, et que la mémoire m'est restée, je
« me souviens que c'est la vôtre, et je vous envoie pour
« bouquet deux caisses de fleurs qui ne feront pas mal
« devant les croisées de votre joli salon bleu, que je ne
« connais pas. Sans y être jamais entrée, je sais qu'il
« ressemble à un ciel ; et cela est naturel : telle pro-
« priétaire, tel logis.

« J'accompagne mon bouquet d'une lettre, par les
« raisons que je vais vous déduire ; car j'étais diseuse
« là-haut pour parler à ceux que j'aimais, et je le suis
« là-bas pour qu'ils y pensent.

« Je veux que vous me regrettiez, mais que ce soit
« sans me plaindre, parce que je suis dans l'Élysée,
« ma chère enfant. L'on est bien là. Je me complais à
« vous en apprendre les nouvelles.

« On ne m'appelle plus Comtesse, on m'appelle Julie
« Tessé, et quelquefois Tessé tout court; je trouvai
« cela neuf, mais juste, parce qu'ici l'on n'est rien et
« tout. Comment cela? On est heureuse.

« Savez-vous qui est-ce qui m'a reçue? *Lucrèce* et
« *Ninon*. J'en ai demandé la raison : on m'a répondu
« (elle est simple) : C'est que vous avez tenu un milieu
« entre ces deux fameuses beautés, et vous aviez raison
« toutes trois. *Lucrèce* était folle d'être si sage ; *Ninon*
« était sage d'être folle ; vous n'étiez trop l'une ni trop
« l'autre ; mais vous étiez bonnes toutes trois ; et qui
« reçoit-on ici ? Les bons.

« Et ce vilain *Tarquin?* me direz-vous. Eh! mon
« enfant, il n'y est pas. En fait d'hommes, on n'en
« reçoit que d'une sorte, de ceux qui méritent le bon-
« heur, et non pas de ceux qui l'arrachent. On ne trouve
« ici que des gens qui croient le plaisir une sagesse et
« aiment la sagesse comme plaisir. Ah! Vicomtesse,
« quelle société! point d'ingrats et point de roués! On
« est aimable parce qu'on l'est, et non parce que l'on
« cherche à l'être; on ne quitte jamais, on possède tou-
« jours. Il est vrai qu'on a tout le monde, mais tout ce
« monde-là n'est rien qu'un, parce qu'il n'y a qu'un
« cœur pour tous.

« On me plaisante sur mon théatin : c'est *Ninon*,
« comme vous entendez ; mais elle me plaisante pour
« rire, et je la désarme en riant ; je réponds par la vé-
« rité ; et cela prend, parce qu'on l'aime ici.

« Qu'est-ce que le monde? lui ai-je dit : un théâtre
« de marionnettes, où il faut que chacun joue son rôle.
« Qui est-ce qui le fixe? l'état et l'âge : quand on est

« jeune, fraîche et belle, son directeur c'est son ami ;
« quand on n'est plus ce qu'on était, son ami c'est son
« directeur ; c'est pour soi qu'on a le premier, on a le
« second pour les autres. Mais que préféreriez-vous ?
« Louise !! Pourquoi cela ? C'est qu'elle est bonne, et
« qu'elle a de quoi devenir meilleure.

« A propos, petite libertine, vous allez donc à Saint-
« Omer pour faire tourner toutes les têtes ?... Et la
« vôtre ? Ah ! il est aimable..... Je ne crains rien et ne
« vous désapprouve pas.

« Écoutez-moi, chère enfant ; dites bien des choses
« de ma part à Madame de Boulainvilliers. Un des
« grands torts de votre bas monde, c'est d'oublier
« trop vite les morts : elle ne l'a pas, je lui en sais gré ;
« je l'aimais là-bas ; je l'aimerai ici.

« Vous avez aussi une voisine, Madame la Comtesse
« de Beauharnois, dont on raffole dans ce pays-ci ;
« elle n'y est pas encore, tant mieux ! nous aimons
« que les bons vous restent, parce que vous n'en avez
« guère.

« Nous avons aussi Dorat, célibataire qui la chante
« du matin au soir, et elle le mérite ; je le sais, car
« elle a de l'esprit comme un ange et une âme comme
« dans ce monde-ci. Dites-lui, pour lui faire plaisir,
« que son ami est très heureux. Il y a ici deux acolytes
« qu'on lui a donnés pour raisons : c'est Anacréon et
« Fontenelle ; il marche de pair avec l'un, et rend déjà
« l'autre sensible ; c'est un miracle, mais il l'opère.

« Et ces prudes, comme j'en ris ! et ces femmes qui
« venaient souper chez moi pour qu'on dit d'elles.
« *Elles vont là...* Mais je ne ris pas de tout le monde
« au moins.

« Quoiqu'on ne fasse point d'enfans ici, on s'inté-
« resse beaucoup aux mères qui s'amusent à faire des
« Amours ; vous en connaissez une, n'est-ce pas ? Elle

« rime en *an* ; elle a raison. Parle-t-on de son air : on
« dit *charmant*, son esprit *charmant;* encore son cœur
« *intéressant* y rime juste; la voilà, c'est *Lussan*. En-
« voyez-la-moi dans un siècle : je la placerai auprès de
« Rousseau ; son écuyer sera Chaulieu ; elle brûlera l'un
« et fixera l'autre.

« Et le cher Baron de Tott, qu'en faites-vous ? Mille
« excuses, quand vous le verrez : je l'ai maltraité sur
« ma fin, mais je me mourais, c'est là le cas de radoter.

« Que diriez-vous, ma chère enfant, de ce vilain
« Abbé de Modène, qui est venu frapper ici ? Un brutal,
« un débauché ! Fi donc l'horreur ! Voisenon l'a chassé
« comme profane ; mais nous guettons l'Abbé de Bernis.

« Adieu, chère enfant ; ménagez-vous. Je ne vous
« attends que dans soixante ans au plus tôt, parce qu'il
« faut être assez là-bas pour mieux goûter le bien d'ici.

« Plus qu'un petit conseil, et je vous laisse : soyez
« jeune sans crainte de vieillir ; vieillissez sans crainte
« d'être jeune ; restez bonne comme vous êtes aimable ;
« soyez aimante pour être aimée. Le bonheur dans le
« monde, le voici : sentir, et bien placer ce que l'on sent.

« Je vous écrirai au jour de l'an.

« TESSÉ, rajeunie et heureuse. »

On dit que, lorsque M. de Talleyrand se recherche
et qu'il veut faire l'agréable en écrivant, il y a quelque chose de cette facture-là dans son style. On
s'en est moqué comme de juste ; il a voulu s'en cor-
riger ; mais il aura beau faire, il n'écrira jamais
correctement ni agréablement ; il est de l'école de
Crébillon.

Je ne vous parlerai pas encore aussi longuement

de M. le Comte d'Artois, avec qui j'avais moins de relations qu'avec ses frères, parce qu'il était le plus jeune, et parce que mon fils avait la survivance du grand office de son beau-père dans la maison de Monsieur. Cet enfant royal était rempli de vivacité, d'esprit, de bonté naïve et de grâce naturelle. On en rapportait continuellement des gentillesses ou des preuves de sensibilité parfaite; je vous assure qu'il était devenu pour toute la France un objet d'adoration, et c'est assurément la personne de la famille royale que les d'Orléans ont eu le plus de peine à *dépopulariser,* comme disait Mirabeau. La Duchesse de Beauvilliers, qui grognait toujours, ne trouvait pourtant qu'un reproche à lui faire (en trois parties): c'est à savoir qu'il avait toujours un pied sur l'étrier, qu'il avait toujours la cravache à la main, qu'il avait parfois la main trop légère. Dans quelques années d'ici je vous parlerai de son duel avec un prince du sang, et vous verrez si le Duc d'Orléans, frère de la Duchesse de Bourbon, s'est conduit misérablement dans cette occasion-là.

Notre cousin le Prince Louis, depuis Cardinal de Rohan, fut envoyé comme Ambassadeur extraordinaire à Vienne; mon parent le Baron de Breteuil, Ambassadeur ordinaire à Vienne, eut le dégoût de s'y voir éclipsé par le Prince Louis. Il arriva d'Allemagne avec la rage dans le cœur; il fut créé ministre de la Maison du Roi, ce qui l'encouragea dans son esprit de vindicte; au lieu de l'apaiser et quand je vous rendrai compte de cet horrible procès du collier, qui m'a donné tant de soucis et d'affliction, vous y trouverez l'effet de cette belle rancune de

M. le Baron contre le Cardinal de Rohan. Vous verrez tout ce que la considération de la Reine et la réputation du clergé français en ont souffert ! Je n'y saurais penser encore aujourd'hui sans irritation. J'ai eu bien de la peine à m'en réconcilier avec M. de Breteuil. — Ne me parlez jamais de la férocité de votre conduite envers ce Prince-Évêque, lui dis-je après sept années de brouillerie. Je vous l'ai pardonnée, j'en conviens; mais je désire que Dieu vous la pardonne un peu mieux que je ne le saurais faire !

J'ai trouvé dans les lettres que j'ai conservées du Prince Louis un portrait, ou si vous voulez une esquisse de l'Archiduchesse Marie-Antoinette. Il est assez mal écrit, comme tout ce qui provient des gens du monde, et particulièrement des grands seigneurs de ce temps-là ; temps de contagion philosophique et de confusion dans les intelligences, misérable temps, où l'arrogante afféterie d'un Grimm et d'un Chamfort, où les sensibleries et les niaiseries de MM. d'Arnaud-Baculard et Marmontel, assistées des boursoufflures à la Diderot et des platitudes à la Sédaine, avaient tout-à-fait dénaturé le bon sens, le bon style français et le bon goût, qui n'est que l'expression du bon sens. Du reste, il était fidèlement vrai, ce portrait à l'ébauche, il avait le mérite de la ressemblance, et c'est pourquoi je l'ai gardé.

« L'Archiduchesse-Dauphine est d'une taille propor-
« tionnée à son âge, maigre sans sécheresse ni disgrâce,
« ainsi qu'une jeune personne qui n'est pas totalement
« formée. Elle est parfaitement bien faite, et tous ses
« mouvemens agréables Ses cheveux sont d'un blond pur

« et certain, et qui n'a pas le moindre reflet de hasardé, ni
« tirant sur le roux. Ils sont bien plantés ; les sept pointes
« y sont visibles, car on la coiffe en les relevant à la mode
« actuelle, mais il est à craindre que son front ne vous
« paraisse trop dégarni. C'est par suite d'une manie de sa
« gouvernante qui aime à voir un grand front, je sup-
« pose, et qui faisait serrer le front de cette princesse
« avec un bandeau de laine qui lui a rongé les cheveux.
« Elle a donc le front un peu grand, mais très beau ; la
« forme de son visage est d'un ovale parfait, un peu
« allongé ; des sourcils aussi fournis qu'une blonde peut
« les avoir, mais d'une nuance plus foncée que ses che-
« veux, et les cils d'une longueur charmante. Ses yeux
« sont bleus sans être fades, et jouant avec une vivacité
« pleine d'esprit. Son nez est aquilin, un peu trop affilé
« par le bout peut-être ; mais il en résulte une impres-
« sion de délicatesse et de distinction, ce me semble. Elle
« a la bouche petite et vermeille comme une cerise ; les
« lèvres épaisses, et surtout l'inférieure, qu'on sait être le
« trait distinctif de la maison de Bourgogne. N'admirez-
« vous pas que ceci ait pu se perpétuer jusqu'à nos jours,
« depuis la Duchesse Marie-la-Grande, c'est-à-dire pen-
« dant trois cents ans ? C'est la moindre portion de son
« riche héritage. Ah ! Louis XI, Louis XI, qu'avez-vous
« fait là ! La finesse de sa peau tient du prodige, sa blan-
« cheur est éblouissante ; elle a des couleurs naturelles et
« bien placées, qui perdront beaucoup à être couvertes
« par le rouge, qui ne les vaudra pas. Son port est celui
« d'une personne qui sent qu'elle est Archiduchesse et fille
« des Césars. Sa physionomie est très variée, mais tou-
« jours très noble. Sa dignité naturelle est tempérée par
« sa douceur, naturelle aussi, et par la simplicité de son
« éducation. Je ne crois pas que les Français puissent se
« refuser, en la voyant, à un sentiment mêlé de ten-
« dresse et de profond respect. »

Je vous ai déjà parlé des pronostics qui vinrent nous attrister autour du berceau de Louis XVI, et le courrier qui meurt de sa chute, et l'aumônier qui ne peut ondoyer l'enfant parce que la mort vient le saisir, et les nourrices qui meurent, et le Roi qui se reproche de lui avoir donné ce nom de Duc de Berry qui porte malheur! Il en fut ainsi pour l'arrivée de l'Archiduchesse Marie-Antoinette. A la frontière, en quittant sa cour allemande, elle remarqua les tapisseries de la couronne qui garnissaient la tente où venait de s'effectuer son échange : c'était des scènes de carnage, et notamment le massacre des Innocens et celui des Machabées, ce dont elle n'osa parler; mais ce qu'elle montrait en pleurant. La femme d'un valet de garde-robe et sa sœur, qui servaient aux Atours, trépassèrent sous la même tente et dans la même soirée. On dit à cela que c'était de leur faute, et pour avoir mangé des champignons; mais elles n'en moururent pas moins. Voyons maintenant les réjouissances de la ville de Paris, et dites-moi s'il est permis de croire aux mauvais présages..

Votre père était malade, au point de ne pas quitter son appartement. On avait pensé que je devais correspondre à l'attention des Messieurs de l'hôtel-de-ville, qui nous avaient adressé deux invitations pour y souper avec LL. AA. Royales; c'était l'avis de M. de Penthièvre; et ce fut celui de la Comtesse de Marsan. Ainsi je surmontai je ne sais quel trouble et quel sentiment d'effroi que j'en éprouvais dans l'âme avec plus d'angoisse et de ténacité qu'aucune autre sorte de pressentiment. Je me fais habiller et coiffer, suivant la bienséance de mon âge et selon mon habitude, en mère Bobie ; je me fais ajuster un pied de rouge et mon plastron de l'ordre de Malte, en vertu de porte-respect, avec la croix teutonique de St-Jean-Népomucène, en vue de faire ma cour à l'Archiduchesse ; et me voilà sans brillans ni perles, en simple robe grise et sous une coiffe noire, au milieu de cette foule enrubannée et même *endiamantée*, pourrait-on dire. Les bourgeoises et les échevins n'en revenaient pas. Lauzun dit à mon fils qu'on s'était beaucoup intrigué pour savoir mon nom, et qu'il avait entendu dire que j'étais *la princesse de Malte.*

Après m'avoir fait la politesse de m'inviter à souper à l'Hôtel-de-Ville, il paraît que M. le Prévôt des Marchands n'avait pas eu celle de s'en souvenir ; et, comme on n'y savait où me placer ni que faire de moi, le greffier de la ville entreprit de me faire asseoir à table avec les inspecteurs-généraux d'armée ; ce que je n'acceptai certainement pas, vous pouvez m'en croire ; et ceci me faisait un certain plaisir, à dessein de m'en retourner bien vite après avoir salué LL. AA. Royales, et pour aller me divertir de ces formalistes qui m'avaient forcé la main ; mais je n'eus pas la satisfaction de cette petite vengeance : M. de Talaru se mit à dire que M. le Dauphin ne s'asseyerait pas si Mme de Créquy ne se trouvait pas convenablement bien placée ; mais toujours fut-il que je n'aurais pu trouver place à la table de M. le Dauphin si ma nièce de Tessé ne m'avait cédé la sienne ; et voilà de ces déconvenues qui ne manquent jamais d'arriver aux fêtes de la ville. Je me souviendrai toujours de la Duchesse de Fitz-James qu'on y voulait absolument conduire auprès du Maréchal de Lowendal, pour lui chanter des couplets sur la prise de Bergop-Zoom, en lui soutenant qu'elle avait une voix superbe, et parce qu'on la prenait pour Mme Lempereur, la femme du joaillier.

Mme la Comtesse de Toulouse et Mme de Carignan, *légitimée* de Savoie, furent assises au plus près de Monsieur le Dauphin, ce qui ne pouvait mécontenter personne. L'illégitimité française à la droite du Prince, et l'étrangère à sa gauche, ainsi que de raison. Ma place était à côté de Monsieur, qui mangea de grand appétit, suivant sa coutume, et qui n'en parla pas moins agréablement. M. le Comte d'Artois n'était pas à ce banquet, et je ne sais plus pourquoi. Mme de Tessé n'avait pas manqué de profiter de la bonne occasion pour s'envoler à tire d'aile et s'en aller souper au coin de son feu. Plût à Dieu que j'en eusse fait autant ! car en m'en retournant, à deux heures du matin, je fus accrochée par un équipage à la livrée d'Orléans, sur le Pont-au-Change, et mon carrosse y fut culbuté sur un monceau de pavés. Un de mes chevaux ne pouvait s'en relever, mon cocher avait l'épaule démise et j'étais couverte de contusions. Vous pouvez bien supposer que mon carrosse était en mauvais état ; mais je ne voulus pas monter dans celui qui m'avait renversée (bien qu'il fût à vide), et je fis dire à ces manans du Palais-Royal que ce serait une marque de confiance et de familiarité que je ne prendrais certainement pas avec M. le Duc d'Orléans. Ce fut Mme du Poulpry qui me tira d'affaire, et qui me fit coucher au fond de son vis-à-vis. Elle était dans cette voiture avec sa mère la Présidente de Confolens, qui la prit sur ses genoux ; et lorsque j'arrivai chez moi, il se trouva que je m'étais évanouie, ce qui ne dura pas moins de cinq à six heures.

Vous dire à présent comment il se fit que, huit jours après, je me laissai conduire au feu d'artifice qui fut tiré sur la place neuve, à l'entrée des Champs-Elysées, c'est une chose inexplicable, autrement que par les supplications et les persécutions du Maréchal de Brissac, gouverneur de Paris, pour qui MM. de la ville avaient eu l'attention de réserver cette grande colonnade où se trouve aujourd'hui le garde-meuble (1). Avant de continuer mon triste récit sur ce prétendu feu de joie, je vais vous parler d'une discussion qui s'émut à Versailles à propos du bal de la cour, et qui me parut d'une impertinence outrée.

On avait appris ou cru savoir que c'était Mlle de Lorraine, fille de Mme de Brionne et sœur de MM. de Lambesc et de Vaudémont, c'est-à-dire Princesse du même sang que l'Archiduchesse-Dauphine, qui devait danser le menuet immédiatement après les Princesses de la famille et du sang royal. C'était une distinction qui n'aurait eu rien d'intolérable ; et, par ma foi ! les Princes et Princesses de Lorraine en possédaient bien d'autres, auxquelles on avait

(1) C'est le ministère de la marine, depuis le pillage du Garde-Meuble, en 1792.

eu le temps de s'accoutumer ! On ajoutait que le Roi n'avait accordé ceci qu'à la sollicitation du Comte de Mercy, l'Ambassadeur impérial, lequel en aurait fait la demande formelle au nom de l'Impératrice-Reine, ce qui n'avait pas plus de vraisemblance que de vérité. Voilà MM. les Ducs et Pairs en fermentation de résistance, en projet de révolte, pour ainsi dire, et les voilà qui s'adjoignent une quarantaine de gentilshommes opposans, parmi lesquels on voit figurer M. de la Vaubalière et M. de Villette, afin de représenter l'ancienne noblesse, apparemment. Le premier Pair, Archevêque et Duc de Reims, ne voulut pas entrer dans un pareil tripotage ; mais on s'assembla chez M. de Broglie, Evêque de Noyon, et Comte et Pair de France en cette qualité ; enfin M. de Clermont d'Amboise y rédigea la pièce suivante (il y paraît à la beauté du style) ; et M. de Noyon s'empressa d'aller présenter ce factum à Sa Majesté. C'était une dissertation sur un menuet : voyez donc l'heureux à-propos et la belle convenance de la faire présenter par un Evêque ! Enfin voici le chef-d'œuvre en question, que votre père ne voulut pas signer. Je ne me serais jamais consolée de voir son nom sur une telle pancarte, avec un pareil entourage.

SIRE

« Les grands et la noblesse du royaume, honorés, dans
« tous les temps, de la protection particulière de Votre
« Majesté et des Rois ses prédécesseurs, déposent avec
« confiance au pied du trône les justes alarmes qu'ils ont
« conçues. Le bruit s'est répandu que Votre Majesté était

« sollicitée d'accorder un rang à la maison de Lorraine
« immédiatement après les princes de votre sang royal, et
« qu'il avait été réglé qu'au bal paré, qui doit avoir lieu
« pour le mariage de Monsieur le Dauphin, Mademoiselle
« de Lorraine danserait avant toutes les dames de la cour :
« honneur si distingué que, dans votre auguste maison,
« il n'est pas même accordé aux branches aînées sur les
« branches cadettes, et qu'il ne l'a jamais été qu'aux
« filles du sang royal sur les femmes de qualité.

« Ils croient, SIRE, qu'ils manqueraient à ce qu'ils doi-
« vent à leur naissance, s'ils ne vous témoignaient combien
« une distinction aussi humiliante pour eux qu'elle est
« nouvelle ajouterait à la douleur de perdre l'avantage
« qu'ils ont toujours eu de n'être séparés de Votre Majesté
« et de sa famille royale par aucun rang intermédiaire, et
« s'ils ne vous représentaient, avec le plus profond res-
« pect les raisons qui s'opposent à des prétentions qui ne
« blessent pas moins la dignité de la nation et de votre cou-
« ronne que les prérogatives de la noblesse française. Ils se
« flattent qu'elles toucheront Votre Majesté, et que sa
« bonté ne lui permettra pas de souscrire à une demande
« dont l'effet ne pourrait que mortifier un corps qui a
« toujours été le plus ferme soutien de la monarchie, et
« qui n'a cessé de prodiguer son sang *et sa fortune pour*
« en augmenter la gloire et la splendeur.

« Il n'y a point d'honneur, SIRE, dont la noblesse fran-
« çaise soit plus jalouse que d'approcher de ses rois, et
« elle croit défendre le plus précieux de ses avantages
« en défendant le rang qu'elle tient auprès de Votre
« Majesté. Attachée au trône dès le commencement de la
« monarchie, elle n'en a jamais été séparée par qui que ce
« soit : c'est un ordre que les Rois vos prédécesseurs ont
« toujours maintenu ; et lorsque François I*er*, *pour faire*
« *honneur* au Duc d'Albanie, frère du roi d'Écosse, qui
« était en France, le fit placer entre un prince du sang

« et un pair du royaume, il crut devoir déclarer que
« c'était pour cette fois *seulement*, en ses cours et con-
« seils, *les premiers et les plus prochains de sa per-*
« *sonne.* (Il recommanda d'en *faire registre.*)

« Les puînés de Clèves, dont la maison précédait en
« Allemagne celle de Lorraine; ceux de Luxembourg,
« qui comptaient quatre Empereurs et six Rois de Bohême
« parmi leurs ancêtres; ceux de Savoie, issus d'une
« maison qui régnait souverainement depuis cinq cents
« ans, se sont conformés à l'ordre ancien du royaume; ils
« n'y ont pris d'autres titres que ceux qui sont communs
« à toute la noblesse, et se sont honorés de marcher au
« rang des comtés, duchés et pairies qu'ils y ont obtenus.

« La maison de Lorraine elle-même a tellement re-
« connu cet ordre qu'elle a voulu se prévaloir de digni-
« tés de l'état pour précéder les princes du sang.

« C'est cet ordre ancien que Charles IX voulut être suivi
« à la cérémonie de son mariage, après la discussion la
« plus scrupuleuse qu'il en fit faire dans un conseil tenu à
« Soissons en 1570. Il y régla les rangs par l'ancienneté des
« duchés, comme avaient fait tous les Rois dans les temps
« passés, et répondit au duc de Nevers, de la maison de
« Mantoue, qui s'en plaignait, qu'il voulait *suivre ce qu'il*
« *avait trouvé*, et qu'il ne pouvait *faillir en le faisant.*

« Quel titre, SIRE, pourraient vous présenter Mes-
« sieurs de Lorraine qui pût changer un ordre si respec-
« table, qui pût donner le droit de se placer entre Votre
« Majesté et les grands du royaume, et d'abaisser au-
« dessous d'eux les premières dignités de la nation, les
« dignités dont ils se sont eux-mêmes servis afin de pou-
« voir décorer, élever de plus en plus et finir par exalter
« leur maison; dignités par lesquelles ils ont cru devoir
« précéder les princes de votre sang, qu'ils ne pouvaient
« incontestablement précéder par leur naissance? S'ils
« ont joui de quelques préférences momentanées sur les

« grands du royaume, c'est dans les temps où la faveur
« et les circonstances leur assuraient le succès de toutes
« leurs prétentions : doivent-ils les faire revivre dans des
« temps où la sagesse et la justice de Votre Majesté font
« le bonheur de ses sujets et la gloire de son règne?

« La grandeur des premières dignités dans tout état
« marque celle des nations, et la grandeur des nations fait
« celle de leurs rois. De là vient, SIRE, qu'aucun de nos
« voisins ne souffre que des étrangers, même souverains,
« aient chez eux la préséance sur les grands de l'État.
« Aucune Duchesse, en Angleterre, ne voulut céder le
« pas, en 1670, à la Duchesse de Modène, qui y menait sa
« fille (depuis Reine d'Angleterre), pour épouser le Duc
« d'York; les grands d'Espagne n'ont jamais fait aux Ducs
« de Lorraine d'autre honneur que celui de les laisser
« asseoir à l'extrémité du même banc qu'eux; MM. de
« Lorraine n'ont pu obtenir à la cour de Vienne même,
« où règne le chef de leur maison, d'autres honneurs que
« ceux qui sont communs à tous les princes de l'Empire.

« Les grands de votre royaume, SIRE, ne sont point
« inférieurs à ceux de tant d'états, qui regarderaient
« comme une offense pour eux et pour leur nation la
« prétention de les précéder chez eux. Ce serait douter
« de la prééminence de la France en Europe que de
« douter de la prééminence de ceux qui, aux termes
« de vos ancêtres, font *partie de son honneur et du*
« *propre honneur de ses rois.*

« La noblesse française ne cède et ne doit céder,
« SIRE, à aucune noblesse du monde, à raison de son
« ancienneté, par l'éclat de ses actions, et par les grands
« hommes qu'elle a produits Elle compte parmi ses an-
« cêtres des Rois, des Empereurs et d'autres souverains ;
« elle y compte des maisons à qui leurs alliances ont
« ouvert des droits sur plusieurs trônes de l'Europe ; elle
« ne connaît en un mot au dessus d'elle que le sang de

« ses rois, parce qu'elle ne voit que dans ce sang au-
« guste ceux qui, par les lois de la monarchie, peuvent
« devenir ses souverains.

« Ce sentiment qui fait le caractère propre de la na-
« tion, et qui, dans la nation, distingue surtout votre
« noblesse ; cet amour inaltérable pour nos Rois, que les
« vertus de Votre Majesté ont encore augmenté, ne nous
« rend que plus sensibles aux moindres atteintes que l'on
« peut donner au rang que nous avons toujours tenu près
« du trône ; mais, SIRE, votre bonté et votre justice nous
« rassurent. Si Votre Majesté a bien voulu donner des
« preuves de sa complaisance dans une occasion qui fait
« le bonheur et l'espérance de toute la France, elle ne
« voudra pas qu'un si beau jour soit une époque de dou-
« leur pour la noblesse française, et daignera dissiper ses
« craintes en déclarant que son intention est de conserver
« l'ordre établi dans le royaume depuis le commencement
« de la monarchie, maintenu par tous ses prédécesseurs,
« et dont elle a voulu elle-même, en 1718, garantir la
« durée, en consacrant par ses propres édits *les anciennes*
« *constitutions de cet état, qui ont donné aux premiers*
« *officiers de la couronne, auprès des rois, le rang im-*
« *médiat après les princes du sang*. Elle comblera de re-
« connaissance les plus fidèles et les plus soumis de ses
« sujets, ainsi qu'une noblesse qui n'est pas moins prête
« que ses ancêtres à sacrifier sa vie et ses biens pour la
« défense de sa patrie et la gloire de votre couronne.

« A Paris, le 7 mai 1770, etc. »

Le Roi répondit à peu près en ces termes à M.
l'Evêque de Noyon :

« La danse, aux bals de ma cour, est une chose qui
« ne saurait tirer à conséquence, attendu que le cloix

« des danseurs et des danseuses n'y dépend que de ma
« volonté. Je ne veux rien changer à ce qui s'y pratique
« habituellement; mais, si je voulais marquer quelque
« distinction sans conséquence à Mademoiselle de Lor-
« raine à l'occasion du mariage de mon petit-fils avec
« une autre Princesse de Lorraine, Archiduchesse d'Au-
« triche, il me semble que personne ne saurait en être
« blessé ni surpris. Je compte sur la soumission de la
« noblesse de mon royaume, et surtout dans une cir-
« constance où je désire, où je compte fêter une alliance
« qui fera, j'espère, et n'en doutons pas, le bonheur
« de ma famille et la félicité de vos enfans (1). »

Cette réponse du Roi ne satisfit aucunement la majorité des réclamans, qui complotèrent de ne pas aller au bal de la cour. La plupart d'entre eux n'é-taient pas d'étoffe à s'y trouver invités ; mais ils ne s'en donnèrent pas moins la belle apparence du refus. La princesse Charlotte dansa son menuet immédiatement après LL. AA. SS., et le Marquis de Villette en fut profondément courroucé. Voilà tout ce qui résulta de la susceptibilité de ces gentilshommes et de leur insurrection contre la croix de Lorraine.

Je me rappelle que M. de Lafayette était dans les plus irrités, et qu'il vint m'entreprendre et m'attaquer un jour, à l'hôtel de Tessé, sur la tiédeur que je paraissais mettre à cette grande affaire. — Me prenez-vous pour une grue? lui dis-je. Apprenez que si j'avais des réclamations à faire signer à mon

(1) A l'Évêque de Noyon; et ceci parut une épigramme contre le choix d'un mandataire ecclésiastique.

fils contre les princes lorrains, ce ne serait pas à l'occasion d'un bal, mais à propos des promotions et des processions de l'ordre du Saint-Esprit, où nous les voyons précéder nos maris, nos frères et nos enfans, sans en rien dire. On leur donne à 25 ans le cordon bleu que les seigneurs français ne peuvent obtenir avant 35 ans, aux termes des statuts; nous les voyons mettre leur chapeau lorsque le Roi se couvre; et nous ne pensons pas à réclamer contre ces prérogatives. Vous nous dites curieusement que MM. de Lorraine les ont obtenues dans un temps où leurs prétentions ont été favorisées par les circonstances, mais on pourrait faire ainsi l'histoire de toutes les prérogatives; et, du reste, j'aimerais mieux faire cause commune avec cette maison-là qu'avec des bourgeois parvenus, comme il y en a dans vos signataires. Laissez-moi donc tranquille avec la Princesse Charlotte et son menuet.

Il faut vous dire que, dans cette année 1770, les Champs-Elysées n'étaient ni plantés ni percés, que le pont Louis XVI n'existait pas, que le quai des Tuileries n'était qu'un sentier de hallage, et que cette rue Royale qui conduit de la porte Saint-Honoré sur la place de Louis XV n'était ni tout-à-fait bâtie, ni alignée, ni pavée. Toute la partie septentrionale de la même rue, qui vient aboutir sur le boulevard, était encore obstruée par de vieilles maisons à moitié démolies; et, de plus, on avait pratiqué, pour la construction d'un égout, un fossé très-large et très-profond, qui se prolongeait dans toute la longueur de cette rue projetée.

Vous voyez donc qu'il n'existait alors que deux

issues pour arriver sur la place de Louis XV et pour en sortir, c'est-à-dire la route de Versailles, (avenue du Cours-la-Reine), et ladite rue Royale, qui avait absolument la forme et tous les inconvéniens d'un entonnoir. En réjouissance du mariage de Monsieur le Dauphin, le Prévôt des Marchands (c'est toujours M. Bignon) avait eu l'ingénieuse pensée d'établir une foire sur le boulevard du Nord; et, de peur qu'on ne le soupçonnât de vouloir accorder aux marchands forains quelques exemptions favorables à raison de la circonstance, il eut soin de faire afficher et proclamer à tous les coins de rue que cette foire ne serait pas *franche*. Il espérait apparemment que le loyer de ces boutiques équivaudrait à ses frais d'artifice et d'illumination. Voyez la belle économie pour la ville de Paris, qui n'avait pas moins de 28 millions de rente !

En concordance avec cette foire sur le boulevard de la Madeleine et ses barraques éclairées de petites lanternes qui firent le plus misérable effet du monde, M. Bignon avait choisi (préférablement à tout autre lieu) la place de Louis XV pour y faire tirer un feu d'artifice; et, comme il ne voulait pas se relâcher de ce qu'il appelait son droit de police et d'autorité prévôtale, il avait écrit à M. de Sartines de se tenir tranquille, et il avait fait dire à Bontemps qu'il eût à rentrer son pont tournant des Tuileries, parce qu'il ne voulait pas avoir la responsabilité de ce qui pourrait arriver dans le jardin pendant le reste de la nuit. Grâce à la prévoyance de M. Bignon, M. Bontemps fit tourner le pont des Tuileries, ce qui fut encore un inconvénient pour le public, et le feu de joie ne réussit pas autrement bien que le reste. Au lieu de se communiquer aux pièces d'artifice, il embrasa la charpente, et ce fut un incendie formidable. On s'empressa d'envoyer chercher les capucins et les pompiers avec leurs pompes, qui ne pouvaient arriver que par la rue Royale ; ainsi vous pouvez imaginer l'engorgement et le surcroît d'embarras qui s'ensuivit.

Les ordonnateurs de cette fête auraient dû prévoir que le peuple qui viendrait par le boulevard ne manquerait pas de se diriger du côté de la place où l'on devait tirer le feu d'artifice, et que la foule qui se trouverait sur la place ne manquerait pas de vouloir se porter, aussitôt que le feu serait terminé, du côté du boulevard où se tenait la foire de M. Bignon. Ces deux colonnes opposées devaient inévitablement se rencontrer et s'entrechoquer, dans ce défilé, sur le versant d'une excavation profonde et sur un terrain couvert de gravois, de moellons, de solives et autres matériaux de forte construction. Jugez ce qu'il en advint lorsque les trains des pompes et les cavaliers du guet eurent entrepris de fendre la presse ! Ce furent des femmes et de malheureux enfans qu'on écrasait dans la foule, et qu'on renversa dans ce grand fossé de la rue ; c'étaient des vieillards abattus et foulés aux pieds des chevaux, des gens qui se débattaient contre les filous et qui tiraient l'épée contre des voleurs; enfin c'étaient des soldats aux gardes qui faisaient faire place a leurs officiers, ou bien à leurs maîtresses, à grands coups de sabre. On n'a jamais poussé des hurlemens plus atroces, et c'étaient des cris d'angoisse à fendre le cœur !

Mon carrosse était parvenu jusqu'à la porte du Garde-Meuble par la rue Saint-Florentin, où la belle maison de la Duchesse de l'Infantado se trouvait en construction, ce qui faisait que cette voie n'était pas trop praticable ; et, comme il était attelé de six chevaux, je n'y voulus pas monter de peur d'augmenter les embarras du moment. J'ordonnai qu'on en dételât quatre, et voilà mes gens qui se mirent à me faire je ne sais combien de ramages à propos des *ha nais :* — Et si les chevaux restent dételés, on les battra, Madame, et le monde est assez méchant pour les blesser ou les voler.... — Qu'on les enlève ou qu'on les estropie, j'aime cent fois mieux les perdre que d'écraser personne ou d'inquiéter qui que ce soit.... Sur cette entrefaite, un flot du peuple me sépara de mes gens, et me souleva et si bel et si bien que je me trouvai transportée sur le bord du fossé du château, comme la sainte maison de Lorette, et sans avoir mis pied à terre. Ici j'étais en grand danger d'être écrasée contre la balustrade ; mais j'avisai par bonheur un petit escalier de planches, au moyen duquel je descendis prudemment, lestement et résolûment au fond de ce fossé. J'allai m'abriter sous une tonnelle de vigne, où je rendis grâce à Dieu de ma présence d'esprit, c'est-à-dire de sa protection signalée. Je m'assis sur un petit banc, je récitai mon rosaire, et j'attendis le point du jour avec assez de tranquillité d'esprit. Passé trois heures du matin, je n'avais plus entendu d'autre bruit sur la place que celui des patrouilles du guet ou des gardes-françaises, et j'avais eu quelque velléité de remonter jusqu'au niveau de la balustrade afin de leur demander assistance; mais je fus retenue par une sorte de sentiment que je ne soupçonnais pas en moi. La vieillesse est quelquefois embarrassée, sans être timide, et surtout lorsqu'elle est aux prises avec un sentiment féminin, c'est-à-dire avec une sorte de délicatesse, ou, si l'on veut, de coquetterie naturelle. Il me sembla qu'avec des soldats, et de jeunes soldats peut-être, mon apparition pourrait leur donner des idées impertinentes pour moi, et par exemple, celle d'une vieille sorcière qui serait sortie de sous terre afin de leur sauter aux yeux. Je craignis qu'ils ne se moquassent de moi quand ils verraient mon visage; il me parut au-dessous de moi de solliciter du secours à prix d'argent; car enfin, pensais-je en marmottant mon chapelet, ôtez-moi le nom, les titres et la fortune, et vous verrez chacun de ces garçons-là sauver, de préférence à moi, une grosse servante, au lieu de songer à me tirer d'embarras. Les vieilles gens ont si mauvaise grâce à redouter l'abandon, la souffrance et la mort! C'est la raison qui me fit patienter sans rien dire; et je crois bien que, si j'avais eu quarante ans de moins, j'aurais agi tout autrement. Il paraît que, pour dissiper les idées prestigieuses et pour faire des réflexions philosophiques, il n'est rien de tel que de passer la nuit dans un fossé. Aussitôt que le jour parut, c'est-à-dire à trois heures et demie du matin, j'escaladai mon degré de planches, et, quoique je ne fusse chaussée qu'en mules, j'arrivai sans malencontre à l'hôtel de Créquy, où tout le monde était dans la désolation. (Votre bonne Dupont en prit une jaunisse qui lui dura deux ou trois mois.) C'était la première fois que j'eusse mis la main sur le marteau de ma porte cochère, et je ne savais comment m'y prendre. Je n'avais pourtant pas eu grand'peine à m'orienter jusque chez moi; et bien m'en prit, car j'aurais eu horreur d'entrer dans un fiacre, et je ne rencontrai, depuis la rue Saint-Florentin jusqu'à la rue de l'Université, qu'un petit garçon, à qui je demandai s'il ne connaissait pas l'hôtel de Créquy, rue de Grenelle; et s'il voulait m'y conduire. — Tiens, cette religieuse, me dit-il, cette vieille fardée, est-elle donc bête! Et il me tira la langue. Je me souviens que je racontai la chose à la Comtesse de Gisors, et qu'elle me répondit avec un air de componction piteuse et d'humiliation résignée : — Hélas ! mon Dieu ! quand nous nous trouvons sans laquais, voyez ce qu'il en arrive, et ce que c'est que de nous !.....

Il y eut dans cette affreuse bagarre environ quatre mille personnes de tuées ou d'estropiées, et du nombre de ces dernières étaient le Maréchal de Biron, la Comtesse d'Estaing, la Marquise de Châteaurenaud (sa mère), et puis MM. d'Argental, de Raze et Trudaine de Montigny, sans parler de toutes les femmes d'Echevins dont l'échafaudage avait été renversé dans le tumulte, et qui furent dépouillées par des filous. On disait que la femme d'un quartinier, qui s'appelait Babelle, avait perdu pour quarante mille écus de diamans qu'elle avait loués chez Boehmer, lequel était le joaillier du Duc de Chartres. On avait dit, long-temps avant ceci, que dans toutes les occasions solennelles, et surtout quand il devait y avoir des fêtes à l'Hôtel-de-Ville, celui-ci ne manquait jamais de se faire prêter des diamans par M son père, et qu'ensuite il s'arrangeait avec Boehmer, qui prêtait ces diamans à loyer et qui lui réservait les deux tiers de son profit. Je n'ai su qu'en penser et M. de Penthièvre ne le croyait pas ; mais, de toutes les bassesses dont son gendre était capable, celle-ci n'aurait pas été la plus inconcevable et la plus révoltante (1).

Toute la journée du lendemain fut employée à débarrasser la place et la rue Royale des cadavres dont elles étaient couvertes, et à les transporter dans le cimetière de la Madeleine pour les y faire reconnaître par leurs parens ou leurs amis. On apprit que Madame la Dauphine, ainsi que MESDAMES, filles du Roi, étaient venues de Versailles jusque sur le Cours-la-Reine, et qu'elles avaient rebroussé chemin en apprenant les malheurs qui venaient d'arriver. M. de Sartines m'a dit qu'il avait reçu du Roi, du clergé, des Princes, de la Noblesse, et jusque des fermiers-généraux, plus de deux cent mille francs, qu'il avait fait distribuer aux familles les plus malheureuses.

On apprit aussi que M. Bignon, après avoir vu l'effet et le succès de son joli feu d'artifice, était rentré chez lui, dans son carrosse, à dix heures du soir ; qu'il s'était couché, suivant son habitude, à onze heures précises, et qu'il avait dormi paisiblement jusqu'à huit heures du matin. Le surlende-

---

(1) Vous verrez que ce même Boehmer a joué un grand rôle dans le procès du collier, dont il se disait co-propriétaire.

(*Note de l'Auteur.*)

main, il eut l'attention de se présenter à l'Opéra dans la grande loge de la ville, afin de montrer qu'il n'était ni blessé ni embarrassé de sa position vis-à-vis du public. Je vais avoir l'honneur de vous parler de M. Bignon, Seigneur de Lile-belle-sur-Seine et Prévôt des Marchands de la bonne ville et cité royale de Paris.

Il avait la préoccupation continuelle et l'ambition d'être parent d'un certain Jérôme Bignon qui florissait au milieu du dix-septième siècle : passons-lui cette prétention-là. On avait commencé par le destiner à l'état ecclésiastique ; mais tous les autres Bignon furent enlevés par une épizootie, ce qui fit qu'on s'empressa de le marier avec une demoiselle herbagère. Je ne me souviens pas de son nom, qui ne signifiait rien ; mais toujours est-il que c'était la plus contentieuse et la plus effrontée commère du pays de Caux. Les niaiseries qu'il avait dites et les bêtises qu'il avait faites au séminaire de Saint-Sulpice y fournissent encore à la récréation des tonsurés ; témoin celle de l'examen théologique, que je ne vous rapporterai pas afin de ne pas tomber dans les redites et les ravauderies de Mme Doublet et de M. Bachaumont (1). Il est une autre anecdote absolument

---

(1) Voici comment cette vieille anecdote est racontée dans les *Nouvelles à la main* de la Présidente Doublet : « L'Abbé Bignon
« s'était donc collé contre la porte afin d'écouter et profiter de
« ce que répondrait l'Abbé de Damas qui passait pour un sa-
« vant. — Mais, lui demanda ce maître fou d'évêque de Senlis,
« si, après la consécration, il allait tomber dans le calice une
« mouche, et, par exemple, une araignée, qu'en feriez-vous ? —
« Monseigneur, je tâcherais de l'avaler ainsi que les saintes

inédite et que l'abbé Cochin nous racontait à peu près toutes les fois qu'il était question de M. Bignon ; c'est encore une historiette de séminariste, et la voici. Il y avait deux jeunes curés du diocèse de Paris qui avaient écrit au supérieur de Saint-Sulpice pour le questionner sur deux cas de conscience : un d'eux s'informait quel était précisément l'âge indiqué par les canons pour une femme qu'on admettait dans un presbytère à titre de gouvernante; et l'autre demandait s'il était permis de porter perruque et de cacher sa tonsure en officiant, lorsqu'on était sujet à des fluxions sur les yeux. Le supérieur y répondit catégoriquement, et donna ses consultations à l'abbé Bignon pour y mettre les adresses des deux curés comme elles se trouvaient au bas de leurs lettres. Celui-ci commença par prendre lecture des pièces afin de connaître l'affaire, à laquelle il procéda le plus méthodiquement du monde. Ce fut avec tant de jugement que celui qui s'informait de la gouvernante reçut pour réponse qu'il la fallait

---

« espèces, et si j'y sentais trop de répugnance pour pouvoir
« la consommer ainsi qu'il se doit, je la prendrais au bout d'une
« épingle et je la brûlerais à la flamme du cierge. — C'est bon
« à savoir, se dit le petit Bignon, que l'Évêque ne voulait pas
« admettre dans les ordres; et, comme il avait entendu qu'on re-
« muait à la porte, et qu'il se douta que l'autre avait écouté l'Abbé
« de Damas, il lui dit, pour se moquer de lui :— S'il entrait ino-
« pinément dans l'église un âne, et qu'il allât boire l'eau du
« bénitier, que feriez-vous ?—Monseigneur, répondit ce mignon
« Bignon, je tâcherais de l'avaler, et, si j'y sentais trop de répu-
« gnance pour le consommer, je le prendrais avec une épingle
« et je le brûlerais à la flamme du cierge. Il paraît que l'évêque
« ne put s'en taire avec le Cardinal de Noailles. » *(Note de l'Édit.)*

courte, brune et point frisée, et que celui qui parlait de la perruque apprit qu'elle devait être *âgée de quarante ans pour le moins*.

Il paraît que son expérience des cas réservés l'avait rendu prodigieusement scrupuleux. Il avait pour héritier présomptif un jeune Bignon qui servait dans la marine, et qui tomba chez lui comme une bombe en lui disant : — Bon jour, mon oncle. J'arrive d'Amérique, où j'ai pensé faire naufrage au milieu d'une tempête infernale. Je ne savais plus à quel saint me vouer, et j'ai promis que vous vous feriez Minime ou Lazariste, à votre choix. C'est un vœu que j'ai fait à votre patron saint Jérôme : ainsi voyez ce que vous aimerez le mieux. — Qu'est-ce que vous avez fait là, monsieur ! Vous êtes un garçon joliment téméraire !... Et le voilà qui s'en va bien vite à l'Archevêché pour y consulter les promoteurs et les officiaux, qui lui dirent : — Tenez-vous tranquille et laissez-nous tranquilles.

On fut obligé de lui faire quitter sa charge de l'Hôtel-de-Ville avant l'expiration de ses trois années prévôtales ; et c'est pour l'en dédommager que les Maurepas l'ont fait nommer grand-maître de la librairie du Roi, autrement dit premier gardien de la Bibliothèque Royale à Paris. M. de Maurepas, qui ne pouvait s'empêcher de goguenarder, lui dit une fois : — Bignon, mon ami, vous voilà placé commodément : c'est une belle occasion pour apprendre à lire.

On nous disait, le printemps dernier, qu'ayant eu les jambes enflées et croyant mourir, quoiqu'il eût conservé le meilleur appétit possible, il avait fait venir sa péronnelle de femme au bord de son lit pour lui confesser et lui demander pardon d'une faute dont il s'était rendu coupable. — Vous croyez que j'ai toujours été vertueux, mais ce qui vous confondra, lui dit-il en sanglotant, c'est que je vous ai fait une infidélité, il y aura quatorze ans l'été prochain, pendant la canicule ; et je ne mourrai pas tranquille si vous n'avez pas l'indulgence et la charité de me le pardonner. Cette cauchoise lui répondit en pleurnichant qu'elle avait grand besoin de pardon pour elle-même, attendu que, jalouse comme elle était de son aimable époux, et s'étant aperçue de ce qu'il venait de lui avouer, ce qui l'avait rendue furieuse, elle lui avait fait prendre un poison lent qui serait la cause de sa mort. Elle a pourtant soin d'ajouter qu'il n'en mourra pas de cette fois-ci, et la vertueuse dame s'échappe en étouffant de rire.

Je vous paraîtrai peut-être bien dénigrante et bien acerbe à l'égard de ce pauvre M. Bignon ; mais pensez donc que j'étais restée pendant plus d'un quart d'heure à l'Hôtel-de-Ville avant de m'asseoir à table et sans savoir si j'y trouverais place, et debout, toute droite, avec la main sur le dossier d'un fauteuil !... Voyez la belle position pour la veuve de votre grand'père, et voyez si j'ai pu manquer d'écouter et de retenir tout ce qu'on disait contre ce Prévôt-des-Marchands !

CHAPITRE IV.

Annuaire nécrologique pour 1770. — Le chimiste Rouelle et son horreur du plagiat. — Sa définition de l'homme. — Une espièglerie de M. de Buffon. — Le physicien Mairan. — Son thermomètre au vestiaire. — Mot de cet académicien sur Mme du Châtelet. — Sa mort et son héritage. — Le philosophe d'Argens. — Mot de Chamfort sur les Marquis philosophes et la *Foire-aux-Marquis*. — Contributions imposées par le roi de Prusse sur ses pensionnaires à l'Académie de Berlin. — Colère de Voltaire et de Maupertuis contre cet impôt fiscal et cette mesure financière. — Gentil Bernard. — Son portrait et son caractère. — Le docteur Sénac et M. Sénac de Meilhan, fils du docteur. — L'abbé d'Espagnac au pharaon. — Exécution de cet abbé contre M. de Meilhan. — Moncrif, historiographe de France. — Épigrammes et méchanceté de Voltaire à l'égard de Moncrif. — Le Poëte Roy. — Ses épigrammes et sa correction. — Ur mensonge de M. de Voltaire; sa découverte et sa punition — M. de Crône et le Baron d'Hunolstein. — Leur étrange conduite à l'égard de Moncrif et de Voltaire. — Extrême vieillesse de Moncrif. — Ignorance où l'on était sur son âge. — Son épitaphe. — Crébillon fils. — Ses deux portraits. — Le présumable et l'effectif. — Ses ouvrages et son mariage. — Son parallèle avec Jean-Jacques Rousseau. — Le nouvelliste Bachaumont. — Son caractère et ses Mémoires. — La Présidente Doublet de Persan. — Le *Bureau d'esprit* et les *Nouvelles-à-la-main*. — Fâcheux effets de cette sorte de publication. — Tracasseries à propos d'une épigramme. — Réclamation de la famille de l'auteur. — Explication. — Le Marquis de Mirabeau, le Lieutenant de police et le Bailly de Froulay. — Excuses du Marquis. — Véritable épigramme contre lui. — Bouts rimés remplis par Mme de Créquy. — Autre épigramme de l'auteur en forme de dissertation littéraire.

Ladite année 1770 a vu mourir quantité de personnes célèbres dans les sciences ou connues dans la littérature. Ce fut d'abord le fameux Rouelle et l'académicien Mairan, ensuite le président Hénault, le docteur Sénac et le poëte Moncrif ; enfin le philosophe d'Argens, Crébillon fils, Gentil-Bernard et le nouvelliste Bachaumont. Procédons par ordre.

Ce que je vous dirai sur le célèbre M. Rouelle, c'est qu'il était le chimiste du Jardin du Roi, et qu'il revendiquait toujours toutes les découvertes qui se faisaient de son temps. Il accusait tout le monde, et surtout les physiciens allemands, de lui voler toutes ses idées, et l'épithète de *plagiaire* était pour lui le synonyme du mot *scélérat*. Pour exprimer l'horreur qu'il éprouva pour le crime de Damien, il avait dit que c'était un *plagiaire* ; et, comme il était grand patriote, il ne manqua pas d'appliquer la même épithète au Maréchal de Soubise après la bataille de Rosbach.

— Mais, lui disait M. de Buffon, ce n'est pas un plagiat que de s'être laissé battre par des Prussiens ; c'est, au contraire, une invention toute nouvelle de M. de Soubise.

— Allons donc, Monsieur ! ne le défendez pas ! s'écriait le chimiste ; c'est un animal infime, un double cochon borgne, un mulet cornu ! Je suis sûr qu'il a quelque chose de vicié dans la conformation..... Enfin c'est un être obtus ; il est indigne de porter le nom de Français ! je vous dis que c'est un ignare, un criminel, un *plagiaire !*

Si grave et si consciencieux que fût perpétuellement le Comte de Buffon, il avait pourtant fait à M. Rouelle une fameuse espièglerie ; mais c'était pour la première et la dernière fois de sa vie sans doute, et c'était d'ailleurs une mystification scientifique, ainsi que vous allez voir.

Il écrivit donc un *Essai sur l'organisation présumable des jeunes Centaures*, dissertation qu'il adressa par la poste à son voisin M. Rouelle; et celui-ci ne manqua pas de crier au voleur. — Il n'est pas, disait-il, une seule observation de ce plagiaire inconnu qui n'ait été pillée, effrontément pillée dans mes discours ou mes écrits!

Quand on l'avait fait sortir de ses cucurbites et de ses matras, il n'avait plus aucune sorte d'idée raisonnable. Toute pensée d'obligation religieuse ou de spiritualité lui était si complétement étrangère que le mot *crime* et le verbe *pécher* ne lui donnaient aucune autre idée que celle du *plagiat*. Dieu, l'Ame et l'Avenir étaient pour lui néant, rien, moins que rien; le doute lui manquait faute d'idée, et la brute n'avait pas plus de sécurité. — *L'homme est un tube actif et digestif, ouvert à ses deux extrémités :* voilà sa définition de l'homme, et c'est tout ce qu'il avait vu dans l'Évêque de Marseille, le Président de Coste et le Maréchal du May, ses bienfaiteurs.

M. de Beauvau m'a conté qu'on parlait un jour, chez M. de Buffon, des *mouvemens naturels*, et que c'était dans son cabinet, au Jardin du Roi. — Il m'est impossible, dit le Cardinal de Bernis, de ne pas baisser la tête lorsque j'entre dans une église.

— Il y a comme cela des mouvemens matériels et machinaux qu'il est impossible d'analyser et d'expliquer, observa le professeur de chimie; car enfin, Monseigneur, pourquoi les ânes et les canards baissent-ils toujours la tête en passant sous les portes cochères et sous les arcades les plus élevées? J'en ai fait l'expérience : j'ai fait passer des ânes et des canards sous la porte Saint-Antoine; j'en ai fait passer sous la porte Saint-Denys, qui est bien autrement haute. Eh bien, Messieurs, vous me croirez si vous voulez, mais je vous donne ma parole d'honneur que je n'en sais pas plus que vous.

— Monsieur Rouelle, lui répliqua M. de Bernis avec son air coquet, personne ne vous dérobera pareille idée pour en user comme du sien le public ne manquerait pas de lapider le plagiaire!...

Le bon curé de Saint-Etienne-du-Mont ne voulait absolument pas enterrer ce pauvre M. Rouelle; mais M. l'Archevêque en fit donner l'ordre en disant que le savant professeur de chimie, M. Rouelle, était, non pas un impie, mais un ignorant et un innocent.

———

M. d'Orthoux de Mairan, secrétaire-perpétuel de l'Académie des sciences, était plus habile dogmaticien que M. Rouelle ; et, du reste, il était le dernier des Cartésiens.

A l'âge de 94 ans, il avait conservé toute la vigueur et la délicatesse de son esprit, ainsi que l'usage de ses jambes et les facultés de son estomac. Il allait dîner hors de chez lui cinq fois par semaine; et, s'il n'avait pas aimé les oronges à l'huile, je crois, Dieu me pardonne, qu'il vivrait encore ! A cela près de son goût pour cet agaric et pour tous les fongus en général, il était l'homme du monde le plus méticuleux et le plus méthodique. Mᵐᵉ du Châtelet disait qu'il avait fait une échelle de concordance entre les étoffes et les températures, afin d'établir un parfait équilibre entre son thermomètre et l'effet matériel de ses habits. — *Rendu*, demandait-il à son valet, qu'est-ce que dit mon thermomètre, ce matin? *Rendu* lui répondait : — Monsieur, le voilà qui marque *fourrure*, pendant qu'il était hier au soir à *drap de Silésie* : je crois que le temps est devenu fou !

J'arrive un soir à l'hôtel du Châtelet, rue de Varennes, et c'était à la suite d'une averse ; on avait fermé toutes les fenêtres à cause de M. de Mairan, qui m'interrogea d'un air soucieux sur la perturbation qui pouvait en être survenue dans l'atmosphère. Je lui répondis à la manière de Rendu : — Monsieur, habit, veste et culotte de ratine : voilà ma façon de penser.

Ma cousine avait fini par se brouiller avec lui pour le cartésianisme, et c'était à l'instigation de Voltaire, ancien disciple de M. de Mairan tout aussi bien que Mᵐᵉ du Châtelet, qui n'en tinrent compte aussitôt qu'ils furent initiés à la théorie du Chevalier Newton. Voltaire avait écrit sur *les forces vives*, et sous le nom de Mᵐᵉ du Châtelet, je ne sais plus quoi qui méritait réplique, et peu s'en fallut que le sage et docte académicien n'y répondît sérieusement.

— N'allez donc pas tirer l'épée contre cette pauvre Émilie ! lui disions-nous.

— Je vous supplie d'observer que ce ne serait pas une épée : il suffirait d'un compas, reprenait-il.

C'est bien assez pour opposer à des coups d'éventail.

M. de Mairan mourut le plus chrétiennement possible, assisté de Mme Geoffrin, qu'il avait instituée sa légataire universelle et qui recueillit environ cent mille écus de cette succession. Il est vrai qu'elle en a rendu quelque chose à M. d'Orthoux, neveu du défunt ; mais il est certain qu'elle a gardé le reste en disant que c'était pour le distribuer à des gens de lettres nécessiteux.

— Mon Dieu ! comme il a de l'ordre et comme il est rangé, Mairan ! disait souvent Mme Geoffrin. Je l'aime à cause de cela : l'ordre et l'arrangement sont *les diamans de l'esprit*. C'est une sorte de similitude ou de comparaison que je ne comprends pas, mais les encyclopédistes ont toujours dit que c'était admirable.

———

Le philosophe M. d'Argens était un Marquis de fabrique et de la même étoffe que MM. de Condorcet, d'Albaret, du Pourcet, de Luchet, etc. Chamfort avait dit, rudement pour eux, que les bureaux de l'Encyclopédie étaient devenus le Pont-aux-ânes, que c'était dans la salle à manger de Mme Geoffrin que se tenait le Marché-aux-veaux, et que le cabinet de M. d'Holbach était la Foire-aux-marquis. Il faut convenir que MM. les Ducs ont été bien heureux de ce que le Roi s'était réservé l'application de leur titre, car chacun de ces anoblis n'aurait pas manqué de se faire appeler philosophiquement Monsieur le Duc.

Celui-ci fut porter ses talens, ses lumières et ses autres dignités à la cour de Berlin, où jamais il n'a rien fait qui pût justifier le brevet d'académicien dont l'avait gratifié le roi de Prusse. Voltaire en disait des choses épouvantables, et notamment à l'occasion d'un procès qu'il avait eu dans sa jeunesse et dans le comtat Venaissin. Toujours est-il que ce roi philosophe avait fini par le prier de s'en retourner en Provence avec madame la marquise, laquelle avait été danseuse à la comédie de Francfort. C'était, disait-on, le couple le plus affamé, le plus intrigant, le plus philosophiquement cynique et le plus méprisable de la terre.

Le Roi de Prusse n'en a pas moins fait une belle épitaphe latine en l'honneur de M. d'Argens, qu'il y qualifie son chambellan. Il aurait bien dû lui faire, au lieu d'une épitaphe, une pension de quelques mille florins, et surtout la lui payer sans retenue ; car je vous dirai que le grand Frédérick était sujet à l'exercice de la retenue sur ses pensionnaires. Maupertuis ne lui pardonnait pas de l'avoir obligé de contribuer à la construction d'une caserne et la réparation de la citadelle de Spandau pour une somme de mille florins brandebourgeois. Voltaire disait aussi que sur sa pension de deux mille écus on lui avait retenu quatre mille francs pour établir un polygone à Neufchâtel.

———

Nous allons passer brusquement, et sans aucun artifice de transition grammaticale, à Messire

Charles-Jean-François Hénault, Chevalier, Seigneur de Belmont, Conseiller du Roi en sa cour des Pairs et de parlement, Président ez Enquêtes d'Icelle, Chancelier de la Reine et Surintendant de la maison de Madame la Dauphine, l'un des quarante de l'Académie française et membre de celle des inscriptions et belles-lettres, lequel était né le 29 décembre 1684, et mourut le 24 novembre 1770. (— Je laisse toujours dire et penser que je ne suis né qu'en 1685, parce que je ne fus baptisé que sept mois après ma naissance, nous disait-il un soir, et c'est toujours autant de gagné pour la perpétuité de ma réputation de *galantin*. Il avait alors à peu près soixante et douze ans.)

C'était un homme aimable et poli. Son *Abrégé chronologique de l'Histoire de France* était le maître fleuron de sa couronne et le cimier de son casque ; c'était avec ce livre au bout du bras qu'il était allé frapper à toutes les portes académiques ; mais j'ai toujours pensé que, si quelque pauvre diable avait composé cet abrégé chronologique, il en aurait tiré douze ou quinze louis d'un libraire, et voilà tout. C'est un ouvrage qui n'est pas dépourvu de quelque mérite, et dont le mérite a toujours été fort exagéré par les amis du Président. Rulhières disait pourtant que ce livre avait été fort utile à Mme et M. Geoffrin, parce qu'ils en avaient appris qu'Henry IV n'était pas le fils d'Henry III et que Louis XII n'était pas le père de Louis XIII, ce qui les avait étonnés au dernier point.

Ce bon Président Hénault ! je le verrai toujours corrigeant, soignant et multipliant les éditions de son abrégé chronologique. Il y mettait son âme et sa vie ; il y trouvait sa gloire et sa joie. La Gazette de France en parlait avec éloge ; on en parlait dans l'Année littéraire : il en a passé soixante et six années de sa vie dans un parfait bonheur.

Il avait fait un bel héritage à la mort du Président de Montesquieu, à raison de ce que, dans la société de la Duchesse d'Anville, on appelait celui-ci LE PRÉSIDENT, tout court et par excellence, ce qui ne laissait pas de mécontenter le Président Hénault. Mais, aussitôt que le Président de *l'Esprit des lois* fut passé dans la région des esprits, le Président chronologique recueillit la succession du Président législatif. Le Président Molé de Champlâtreux en desséchait d'envie ; mais l'hôtel de la Rochefoucauld tint ferme ; et, lorsque la Présidente Meynière y parlait tendrement du PRÉSIDENT, il était bien entendu qu'elle ne parlait pas de son mari.

Sept à huit jours avant sa mort, on nous raconta que Mme du Deffand (son amie de jeunesse) était allée s'asseoir auprès de son lit en lui demandant s'il ne la reconnaissait plus. — En aucune façon, répondit-il ; et tout ce que j'y vois, c'est que vous me faites souvenir d'une méchante aveugle...... Mme du Deffand s'empressa de l'interrompre et se mit à lui parler (pour le dérouter) de la Baronne de Castelmoron, qu'il avait beaucoup aimée. — Ah ! quelle différence, se prit-il à dire, entre la chère Baronne et cette vilaine égoïste du Deffand ! Elle était belle, elle était bonne, celle-là ; elle était fraîche et franche, elle avait des dents superbes et n'avait pas la peau comme du chagrin... Jamais elle n'a fait ni mauvais trait de noirceur, ni, j'en suis sûr, une seule menterie... La Duchesse de Choiseul m'a dit que la nièce du Président Hénault, M°™ de Jonzac (1), n'avait pu jamais réussir à lui faire changer de conversation pendant toute la soirée; quand il avait fini sur le panégyrique, il argumentait sur le parallèle; et M™ du Duffand se donnait au diable en faisant bonne contenance autant qu'il se pouvait. Elle avait renvoyé son carrosse, et vous pouvez juger de son embarras! Le Président Hénault était tombé en enfance dès l'âge de 80 ans; et ceci peut expliquer l'idée qu'il avait eue de me faire un legs de cent louis *pour m'acheter une bague.*

———

Je vous parlerai présentement d'un personnage dont je ne vous ferai pas un grand éloge et pour qui je vous demanderai votre indulgence. Désiré Bernard, surnommé *le Gentil*, était un beau garçon robuste comme un chêne et fleuri comme un rosier; il était franc comme un jonc et doux comme un bon fruit. Mais il était toujours ce qu'on appelle *entre deux vins*, ce qui ne l'empêchait pas de garder une contenance et de rester dans une mesure parfaite, et ce qui lui donnait seulement je ne sais quel

---

(1) Marie-Françoise-Gertrude Hénault d'Amorézan, mariée en 1713 à Pierre-Louis-Joseph d'Esparbès de Lussan-Bouchard d'Aubeterre, Comte de Jonzac et Vicomte de Saint-Martin-sur-Gironde. Elle est morte de la petite vérole en 1779.

(*Note de l'Auteur.*)

air indifférent ou préoccupé qui ne lui messieyait pas du tout, bien loin de là. Il avait servi sous les ordres de votre grand-père en Italie, et c'était nous qui l'avions fait nommer Secrétaire-général des Dragons, ce qui lui valait 12 mille livres de rente, avec un logement sous la galerie du Louvre et l'habit d'Officier. Il avait pris toutes les apparences et les habitudes de la meilleure compagnie, ce qui ne l'empêchait pas d'aller souvent dans la plus mauvaise... Il avait eu des succès inconcevables, autant pour la qualité que pour la quantité ; mais la vanité ne pouvait rien du tout sur sa discrétion, et quand ses amis les dragons l'entreprenaient sur ses bonnes fortunes, il s'en impatientait et se débattait comme un diable. Il avait du caractère de M. de Létorières et de la tournure de M. de Lauzun, mais en plus naïf et plus solide. Je n'ai jamais vu que lui qui fût parfaitement heureux de sa position sociale et pleinement satisfait de sa fortune. Il n'était pas, disait-il, assez *pauvrement petit* pour ne pouvoir approcher des grands, ni assez *grand* pour ne pouvoir s'associer avec les plus petits. — Je suis deux fois plus heureux qu'un grand Seigneur ou qu'un petit bourgeois, par la raison que j'ai deux facultés, deux cordes à mon arc, et parce que je vis double ; me disait-il un jour ; il y a du plaisir et de l'intérêt pour moi dans la confiance et la familiarité des petites gens : c'est, pour les émotions du cœur et le repos de l'esprit comme une excursion champêtre ; et si la fatigue me prend, je monte en voiture : j'ai l'honneur de venir vous faire ma cour, Madame, et j'ai celui de me trouver chez vous côte à côte avec Mgr le Duc de Penthièvre et et Mme la Landgrave de Hesse. Il n'est rien de tel, que de changer de côté, pour éviter la fatigue et l'engourdissement.

Il avait été l'intime ami de Me de Pompadour avant sa faveur auprès de Louis XV; et, si elle ne l'eût pas fait nommer bibliothécaire du Roi en son château de Choisy, personne ne se serait jamais douté que Gentil-Bernard eût été connu d'elle. Il a fait des poésies délicieuses et n'a jamais fait imprimer aucun de ses ouvrages (à l'exception de son opéra de *Castor et Pollux*, attendu que la chose était d'ordonnance et de nécessité rigoureuse). Il avait refusé d'entrer à l'Académie française en disant qu'il n'avait aucun titre pour établir et justifier cette prétention-là. Il n'a jamais voulu me lire son poème de *L'Art d'aimer*, qu'il a gardé manuscrit jusqu'à sa mort. La philosophie de ce bon enfant (c'est le mot propre) ne l'avait pas pourtant empêché de tomber dans une décrépitude anticipée. Toutes les femmes le reprochaient à Bacchus et tous les hommes s'en prenaient à Vénus. Comme je n'étais ni homme ni femme, j'en accusais l'un et l'autre.

M. Opportun-Daniel Sénac était un vieux Conseiller de sa Majesté très-Chrétienne en ses conseils d'état et privé; Officier de la couronne et Surintendant des eaux minérales du royaume, et membre de l'Académie royale des sciences, et Chevalier de l'ordre de St-Michel avec brevet d'anoblissement pour lui *comme aussi pour ses hoirs* ; le tout en vertu de la charge qu'il exerçait ; et vous en conclurez, s'il vous plaît, que l'Office de Premier Médecin du Roi de France est la principale dignité de l'univers médical.

Le vieux Sénac était presque toujours silencieux et sombre comme un tombeau. Il était savant, mais il ne croyait guère à l'utilité de la médecine, et l'exercice de sa profession n'était pour lui qu'un moyen de fortune, avec le plaisir d'expérimenter et celui d'ajouter à son instruction. J'ai connu bon nombre de médecins pareils à lui, mais à la science près.

Je me rappelle que, lorsqu'il parvint à la charge de premier médecin, il se fit remplacer au Palais-Royal par un docteur de Montpellier nommé Fizes, qui était un bavard et fut disgracié par le Duc d'Orléans au bout d'un mois. — « Je lui avais
« prescrit, nous disait Sénac, d'approcher grave-
« ment de son malade, de tâter le pouls, de faire
« tirer la langue et de regarder sérieusement dans
« les bassins, de ne point parler, de s'enfoncer
« dans sa perruque et d'y rester un moment les
« yeux fermés, de prononcer son arrêt et de s'en
« aller sans penser à faire la révérence. Au lieu de
« cela, mon imbécile a jabotté comme une pie ; il
« a parlé politique et littérature, en disant *Votre*
« *Altesse Sérénissime* à tout bout de champ. Il n'a
« que ce qu'il mérite ; et voilà ce qui doit arriver à
« ceux qui n'écoutent pas leurs anciens ! »

Quant à l'examen des empiriques et la surveillance des charlatans, dont il avait le monopole en vertu de sa charge, il abandonnait l'administration de cette partie du casuel à Mme Sénac, à qui tous les marchands d'onguent céleste et d'eau merveilleuse allaient s'adresser pour obtenir un brevet de son mari, moyennant rétribution. Elle en retirait parfois plus de quatre-vingt mille livres par an. Elle était associée pour moitié dans l'entreprise de la fameuse *poudre capitale* des frères Aumer, et l'on disait que la belle terre de Meillan avait été payée sur le profit que les Sénac ont tiré de cette poudre infernale.

L'unique héritier de ce bon ménage est M. de Meillan, qui se pavane aujourd'hui dans son intendance avec tant de fatuité. C'est à lui qu'on prenait la liberté d'appliquer cette vilaine épigramme de Piron : « il était blême et blond comme un pou d'hôpital ; » ce que je n'ai pu vérifier qu'à moitié, bien entendu.

Je vous dirai cette aventure de l'Abbé d'Espagnac avec M. l'intendant, qui tenait la banque au pharaon, chez M. Girardin, d'Ermenonville, et qui, voyant l'Abbé s'avancer avec un écu, lui cria du haut de sa tête et de sa voix insolente et grêle : — Monsieur, je ne tiens que de l'or. Voilà ce grippe-sou d'Abbé qui s'approche de lui, tenant son écu pincé du pouce et de l'index, et qui va lui faire une croix sur le front, en lui disant comme au jour des cendres : — *Memento, homo, quia pulvis es*, etc., « souviens-toi que tu es un homme de poudre et que tu reviendras en poudre ! » Je vous reparlerai de M. Sénac de Meillan, qui faisait les délices et l'admiration de l'hôtel de Liancourt.

Je vous ai déjà dit du Sieur de Moncrif (on prononçait Moncri), qu'il était Lecteur de la Reine et qu'il était puriste. Il ne faudra pas en inférer que ce fût un pédant, car il était l'homme de France et l'académicien le moins prétencieux, le plus simple et le plus naturellement agréable. Il me semble que ses poésies fugitives, et surtout ses romances, ne laissent rien à désirer pour la perfection du style et la délicatesse de sentiment. Il avait fait un *Essai sur les moyens de plaire* qui n'avait pas trouvé celui de nous charmer à l'égal de ses poésies. Il écrivait mal en prose, et voilà ce que je ne saurais m'expliquer de la part d'un bon versificateur. Qu'un prosateur habile ne puisse pas bien écrire en vers, on conçoit cela ; mais un bon poète qui ne sait pas faire de la bonne prose, c'est-à-dire un superlatif sans comparatif et sans positif, je vous avoue que c'est une chose incompréhensible à mon sens naturel, à mon instinct mathématique et ma raison grammaticale.

Moncrif avait écrit une *Histoire des chats* dont Voltaire et tous ses amis ne manquaient jamais l'occasion de se moquer ; mais c'était de parti pris et sans nulle raison, car c'est un recueil de plaisanteries tout-à-fait divertissantes. Voltaire agissait toujours comme un enragé contre les écrivains qui ne l'adulaient pas, et surtout contre les gens de lettres à qui les Communs de Versailles étaient ouverts. Sa préoccupation continuelle était celle d'aller à la cour, et le plus beau jour de sa vie fut sans contredit celui où il reçut de Mme de Pompadour un brevet de gentilhomme ordinaire, honoraire et surnuméraire de la chambre du Roi. Il en pleurait, il pâmait, il en délira ! Mais il ne tarda pas à reconnaître la vanité creuse et la légèreté de cette qualification sans exercice ; et, du reste, Mme du Châtelet, qui savait le monde et la cour un peu mieux que l'algèbre et la géométrie, n'avait pas manqué de se moquer de l'extrême satisfaction qu'il en montrait. C'était pour en modérer l'éclat, disait-elle, et pour qu'il n'en restât pas marqué d'un ridicule ineffaçable.....

— Le voilà magnifiquement récompensé pour sa dédicace à cette Mme Le Normand d'Étioles ! nous disait-elle.... Et comment trouvez-vous qu'un si grand homme ait pu solliciter (en cachette de moi) cette misérable place de gentilhomme ordinaire ?

— Ne m'en parlez pas ! disait la Maréchale de Luxembourg, attendu que j'en suis confondue ; c'est comme un géant dans un entresol !

Quand Voltaire apprit que Moncrif avait obtenu l'emploi d'historiographe de France, il se mit à crier : *Historiographe ?* Il est impossible que la Reine ait voulu compromettre son crédit à ce point-là ! c'est *historiogriffe* que vous voulez dire....

Je me rappelle encore, à propos de cette *Histoire des chats*, que Moncrif avait entrepris d'appliquer des coups de canne sur le dos d'un insolent et mauvais poëte appelé Roy. Ce dernier, qui était le plus jeune et le plus ingambe, opérait sa retraite à reculons devant son agresseur, bien assuré que celui-ci ne manquerait pas d'observer la *convenance* et ne voudrait pas lui porter un seul coup, s'il n'avait pas le dos tourné. C'est qu'on n'aurait pas voulu, dans ce temps-là, s'exposer à frapper avec un bâton sur le visage d'un homme : on n'y pouvait toucher qu'avec la main ; c'était une obligation de charité ; c'était une affaire de respect humain ; le contraire aurait été considéré comme un crime de lèse-majesté sacramentelle, une sorte de sacrilége anabaptiste ; enfin, c'était la règle établie. Mais il y avait une chose dont l'offensé Moncrif, historien des chats, ne pouvait s'empêcher de rire, et c'était que ce plat et méchant faiseur d'épigrammes lui criait encore en s'enfuyant : — Patte de velours, Minet ; patte de velours !

Moncrif avait toujours eu de la piété, de la dignité dans les habitudes et des mœurs irréprochables....

— Mais on m'a conté hier une belle histoire de M. de Moncrif, disait un jour Voltaire après souper, chez sa bonne amie Mme Grimod d'Orsay. Il est allé jeudi dernier à l'Opéra, derrière le rideau, après la dernière pièce, et lorsqu'il a pensé que tout le monde devait être sorti de la salle, alors cet honnête dévot s'est approché d'un groupe de nymphes en leur disant discrètement entre haut et bas : « Si quelqu'une de ces demoiselles était
« tentée de souper avec un petit vieillard bien
« propre, il y aurait quatre-vingt-douze marches à
« monter, un petit souper assez bon et dix louis à
« gagner. ». C'est la jolie petite Mlle Vigu, continua l'honnête Voltaire, qui m'a dit ceci hier au soir. Elle connaît parfaitement bien ce grand poëte, et d'autant mieux qu'elle a déjà grimpé cinq ou six fois dans le haut de son pavillon de Flore, au sommet de son Olympe, ou son Hélicon, si vous l'aimez mieux....

— Je pense qu'elle en a menti pour jeudi dernier, interrompit M. de Crône, attendu que M. de Moncrif est bien certainement en Normandie depuis plus de deux mois. Il est à Médavy, chez Mme Thiroux, ma grand'mère ; et j'ai reçu de lui, précisément jeudi matin, une lettre dans laquelle il me prie de faire renouveler son abonnement à l'Année littéraire.

— Vous dites à *l'Année littéraire ?* Ah ! c'est un lecturier de l'Abbé Desfontaines et de cet exécrable Fréron ! Voilà ce que je ne savais pas. Je ne m'étonne plus de son hypocrisie, de son infâme conduite !...

— Calmez-vous donc, M. de Voltaire, apaisez-vous donc, s'il vous plaît, lui dit le Baron d'Hunolstein qui était un vieux pince-sans-rire. La demoiselle Vigu dont vous parlez vient de mourir en couches, et je puis vous assurer qu'elle a été enterrée mardi dernier, c'est-à-dire la surveille du jour où elle aurait vu Moncrif à l'Opéra. J'en suis certain, et je puis ajouter que je n'en suis pas fâché ; car elle était la maîtresse de mon fils, qui lui donnait beaucoup trop d'argent. Je crains que vous n'ayez été la dupe de quelque mystification.....

Ce qu'on découvrit de plus amusant dans tout ceci, c'est qu'il ne s'y trouvait un mot de vérité ni de part ni d'autre. Voltaire avait fait un indigne mensonge ; et quand on voulut éclaircir la chose, il se trouva que ces deux Messieurs, de Crône et consort, avaient (sans s'être concertés ni s'être entendus le moins du monde) fabriqué chacun leur histoire, à dessein de se moquer de Voltaire et de sa méchante invention. Il en prit la fièvre de colère, à ce que nous dit le Baron.

M. de Moncrif devait avoir au moins cent ans quand il est mort, en 1770. Son père avait été Doyen des Conseillers à la Cour des Monnayes, et sa mère était la nièce du fameux La Calprenède. M. de Maurepas disait toujours à propos de l'âge de Moncrif, dont celui-ci ne parlait jamais, que Moncrif avait appris le manége et l'escrime en même temps que M. de Pontchartrain, qui était le père de M. de Maurepas, et qui était Secrétaire d'état sous Louis XIV, en 1695.

Un littérateur angevin, nommé le sieur de la Place, avait fait, à l'occasion de la mort de ce bon Moncrif, un quatrain dont j'ai pris note et que je vais copier avec plaisir :

« Réalisant les mœurs de l'âge d'or,
« Ami sûr, auteur agréable,
« Ci-gît qui, vieux comme Nestor,
« Fut moins bavard et plus aimable. »

Il me reste à vous parler de l'auteur de *Tanzaï*, d'*Alcibiade* et du *Sopha*, Prosper Joliot, sieur de Crébillon, lequel était frère aîné de la sauvage Electre et de Rhadamiste et Zénobie, qui sont bien assurément les trois personnages les plus sombrement farouches et les plus rudement ineuphoniques de notre scène tragique.

Lorsque vous aurez lu quelques-unes de ses productions, œuvres de licence et d'impertinence, vous ne manquerez certainement pas de vous représenter

le fils Crébillon comme un papillon sémillant, brillant et triomphant de la pudeur de toutes les fleurs, de toutes les roses et du tendre jasmin, qui prodiguaient à ses vœux les trésors de leur sein (il y a toujours de ces mauvaises rimes-là dans sa prose); mais voici le portrait de l'auteur du Sopha tracé par la demoiselle Beauvoisin, qui le connaissait de reste :
« Pédant, vilain pédant, tu es si pédant, si sérieux,
« si sec et si gourmé, si composé, si empesé et si
« ennuyeux, que je ne veux pas que tu viennes
« souper avec nous chez Monticour. Les demoiselles
« Avrillet ont dit à Collé que tu n'avais pas trouvé
« autre chose à leur dire que *j'ai l'honneur de vous*
« *présenter mon très-humble hommage*, ou bien *mes*
« *devoirs les plus respectueux*, pour changer. Va
« donc! tu n'es qu'un manche à balai galonné! tu
« ne fais pas autre chose que des révérences à la
« vieille mode, etc. »

Si vous êtes surpris de me trouver si bien au fait de la correspondance de la Beauvoisin, je vous dirai que sa lettre avait circulé dans tout Paris, par la raison que la fin du billet, que je ne saurais vous rapporter, était la chose du monde la plus originale.

Ce Crébillon n'avait aucun autre inconvénient dans la société que celui d'être ennuyeux. On le rencontrait quelquefois à l'hôtel de Surgères et chez une anglaise appelée Mme Wortley, qui était parente de sa femme. Écrivain licencieux et pédant frivole, il était, ce qui pourra vous étonner, *Censeur royal*, à l'effet d'examiner les nouveaux livres et d'accorder ou de refuser les *priviléges du Roi* pour leur publication. Un jour, il voit arriver dans son cabinet de censure, à l'imprimerie royale, une assez belle personne qui lui dit, entre autres choses, qu'elle avait lu le Sopha, qu'elle éprouvait pour lui, M. Crébillon, l'auteur d'un si bel ouvrage et Censeur royal, un sentiment d'admiration, d'estime et d'amour insurmontable ; qu'elle arrivait d'Angleterre afin de le demander en mariage, et qu'elle était la fille aînée de Milord Halfort ; ce qui était l'exacte vérité sur tous les points (1).

Comme elle était fille majeure, elle devint Miladi Crébillon dans la quinzaine, et l'on ne s'est jamais aperçu qu'elle se soit repentie du choix qu'elle avait fait ; l'auteur du Sopha la rendit aussi parfaitement heureuse que peut l'être une Anglaise avec des révérences.

Il est résulté du Sopha, du mariage et des révérences une grande fille toute noire, qui vient d'épouser je ne sais quel autre Milord, à qui j'en fais mon compliment.

N'admirez-vous pas que l'effet d'un conte libertin, d'un misérable opuscule et d'un mauvais petit livre, ait été de faire épouser à son auteur une fille de distinction, et (pour le plus essentiel au bonheur et l'exigence de M. Crébillon,) une honnête fille, à la même époque où l'amant de Julie, le délicat, l'ar-

---

(1) L'éditeur de la Correspondance de Grimm, ainsi que plusieurs articles biographiques, lui donnent le nom de Strasford, et c'est une erreur. Elle s'appelait Lady *Anna Black de Halfort, fille d'Éward Lord Halfort et de très honorable Suzanna Russell*. C'est ainsi qu'elle est qualifiée dans son acte de mariage.

(*Note de l'Éditeur.*)

de**nt**, le passionné St.-Preux, finissait par épouser une infâme servante (1)? Il est à remarquer aussi que l'auteur des *Égaremens du cœur et de l'esprit* a marié sa fille unique avec un Pair d'Angleterre, tandis que l'auteur du Contrat social et du Traité sur l'éducation d'Émile a fait porter ses quatre ou cinq enfans à l'hôpital des Enfans-trouvés. Mais il est juste d'observer que ce pauvre M. Crébillon n'était pas philosophe, il n'était que futile ; et, grâce à la philosophie, ce n'est pas J.-J. Rousseau qui s'est montré le plus raisonnable des deux

———

Pour en finir avec les oraisons funèbres, je vous dirai quelques mots sur le sieur de Bachaumont, qui était un imbécile dans le genre de l'historien Suétone, et qui n'a jamais su faire autre chose que d'écouter et d'enregistrer des bruits de carrefour. Il est mort en 1770, âgé de 82 ans ; les notes manuscrites qu'il a laissées ne commencent qu'à l'année 1759 et finissent en 1766 : ainsi les préten-

---

(1) Thérèse Levasseur a fini par épouser un laquais d'Ermenonville appelé Nicolas Montretout ; mais son maître en avait fait un garde-chasse, à cause de son alliance avec la veuve de l'illustre Rousseau, disait-il.

Je ne crois pas qu'il y ait jamais eu dans le monde un niais comparable à ce compositeur d'inscriptions et de points de vue champêtres ; et, sans l'enthousiasme encyclopédique et la philanthropie, qui étaient venus s'adjoindre à sa niaiserie naturelle, on ne se serait jamais moqué d'un homme autant que de ce M. Girardin.

dus *Mémoires de Bachaumont*, qui vont jusqu'à la fin de l'année 1787 (c'est-à-dire plus de 22 ans après la mort de ce nouvelliste), sont nécessairement apocryphes. On disait qu'il était fils naturel du Maréchal de Villars; et, dans tous les cas, il n'avait aucune espèce de rapport avec cet autre Bachaumont, le caudataire du Cardinal de Retz, l'un des auteurs du voyage en Provence et le compagnon de l'aimable Chapelle. Celui dont il est question passait sa vie chez Mme Doublet de Persan, qu'il avait aimée constamment et sans distraction depuis sa jeunesse; et l'on peut dire qu'il est mort en adoration devant elle. Elle avait de l'esprit, la Présidente Doublet, et, si elle avait eu l'usage d'un autre monde, elle aurait été bien aimable. Elle est morte en 1772, à l'âge de quatre-vingt-dix-neuf ans, et depuis quarante-deux ans elle n'était pas sortie de sa chambre à coucher. On la rencontrait jadis à l'hôtel de Béthune et chez les d'Aligre, où j'étais fâchée de ne la plus trouver; mais je n'ai jamais pu me résoudre à la voir chez elle : je n'ai jamais pu supporter les bureaux d'esprit, les lectures et les preneurs de notes.

Je vous ai déjà dit que les *Nouvelles à la main* sortaient de chez Mme Doublet, et voici comme on y procédait régulièrement. Le secrétaire de la Présidente enregistrait les anecdotes et toutes les nouvelles de la soirée ; ses deux laquais (qui devaient absolument savoir écrire) en faisaient six copies, ce qui les occupait souvent pendant toute la nuit ; on envoyait ces bulletins par des commissionnaires, et dans la matinée, à tous les principaux amis de la maison, qui étaient MM. de Mirabeau, de Mairan, Falconnet, de Bachaumont, Trublet et Trudaine. Mais ce qui ne manquait pas d'arriver souvent, c'était que ces Messieurs manquaient de prudence, et que leurs valets recopiaient ces bulletins, dont ils se faisaient un gros bénéfice en les distribuant aux Ambassadeurs, aux étrangers de marque, et même à des financiers, se disait-il. Il en résultait des tracasseries insupportables : on chassait des laquais, on cherchait à s'expliquer; et tout ceci finissait par une visite où l'on se disait les plus aimables choses en ayant soin de ne se parler de rien. Ce qu'il y avait d'ennuyeux, c'est que c'était toujours à recommencer.

En 1757, on m'avait attribué (dans les *Nouvelles à la main*, s'entend) une épigramme contre le Maréchal de Soubise, que je ne voudrais pas copier et que je n'avais assurément pas faite. Ceci devint une grande affaire, et le Lieutenant de Police avait envoyé parler à Mme Doublet. Le Bailly de Froulay fut le prier de vouloir bien se tenir tranquille, attendu qu'il y avait en nous-mêmes assez d'autorité pour ne pas avoir besoin de la sienne. Il se trouva que l'épigramme en question n'était jamais sortie de chez la Présidente, et que c'était M. de Mirabeau qui l'avait fait ajouter sur l'exemplaire de son bulletin, qu'il avait envoyé courir le pays. Comme on avait décidé que je le recevrais lorsqu'il viendrait m'en faire excuse (1), il eut la gaucherie d'entamer

---

(1) L'inscription de son nom sur la liste du suisse n'aurait pas été suffisante, et l'on devait retourner chez la personne offensé

une explication à laquelle je répondis par une véritable épigramme en quatre paroles ; il me semble que c'était sur les amis de l'humanité, qui ne sont pas les amis des femmes ; mais je ne me rappelle plus comment je lui tournai ce compliment-là.

Ce n'était pas la première et ce n'est pas la dernière fois qu'on m'ait attribué des épigrammes ; et ce qu'il y a de curieux, c'est qu'il ne m'est jamais arrivé de faire des vers qu'une seule fois pendant toute ma vie, et encore n'était-ce que des bouts-rimés.

Il faut que je vous les dise, mes bouts-rimés. J'arrivais des eaux de Forges en 1790 ; le Chevalier de Boufflers, excité par Mme de Lénoncour, voulut absolument que je leur fisse des vers et me donna ces rimes du diable :

>J'ai quatre-vingt-dix-ans, j'arrive — d'*Epidaure ;*
>Esculape a reçu mon pemier — *Ex-voto.*
>On aime ses vieux jours autant que son — *Aurore.*
>Chacun sur mon voyage avait crié — *Haro !*
>L'espérance soutient et le succès — *restaure ;*
>Me voici rajeunie et presque sans — *bobo.*
>Mon front était ridé, mon teint celui d'un — *Maure ;*
>Quand je parlais, mes dents partaient — *ex abrupto,*
>Une seule restait, servant de — *memento.*
>A peine ai-je eu touché le serpent qu'on — *adore,*
>Vieille comme Baucis et sourde comme — *Io,*
>Je deviens aussi leste, aussi belle que — *Laure !*
>Remerciant le Dieu, j'ai promis — *in petto*
>Au moins cinq ou six fois d'y retourner — *encore.*

jusqu'à ce qu'on la trouvât chez elle. Tel était l'ancien usage en pareil cas.   (*Note de l'Éditeur.*)

Mon fils, comme je ne veux pas être suspectée par vous d'aveuglement maternel, et de prétention littéraire encore moins, je vais agir avec une sincérité parfaite en vous faisant un aveu pénible : j'ai conservé presque toutes mes dents ; j'ai, grâce à Dieu, l'oreille très fine ; je n'ai jamais entendu dire que la nymphe Io fût sourde, et j'avoue que tout cela sont des licences poétiques. J'aurai la précaution d'ajouter que la particule incidente était indispensable pour la correction de mon avant-dernière période, et que je n'ai su comment l'y placer. Enfin, mon dernier vers est doublement défectueux, en ce que c'est par inversion qu'on y trouve une cheville ; et cette inversion des *cinq ou six fois* ne me satisfait pas du tout.

Je vous avais parlé des entretiens littéraires de Mme Doublet, et je suis bien aise de vous en donner une idée sommaire au moyen de cette dissertation critique.

CHAPITRE V.

M. Necker et MM. Thélusson. — M. Bouzard. — Lettre du Comte de Lauraguais à M. Necker. — Rancune et vengeance de ce dernier. — Exil de M. de Lauraguais. — Mme Necker. — Son portrait, sa pruderie, ses logomachies ridicules, etc. — L'hôtel Thélusson. — L'hospice Necker. — Mme Necker à l'Académie française. — La famille Necker à l'hôpital des fous. — Mme Trudaine. — Histoire d'une victime de l'arbitraire. — M. de Guitry. — Désappointement philanthropique. — Le Baron de Peyrusse. — Désappointement amoureux. — Plusieurs anecdotes sur la famille Necker. — Épître de Voltaire à Mme Necker. — Mme de Staël. — Épigramme du Comte de Sesmaisons. — Benjamin Constant. — Reproche que lui fait Mme de Staël. — Ses habitudes inhospitalières, et son amour de l'économie. — MM. de Narbonne et de Montmorency. — Mme de Staël à l'hôtel de Breteuil. — Sa visite au château de Conflans. — Son enthousiasme pour un portrait, pour une épigramme et pour un madrigal. — L'Abbé Maury et Mme de Staël. — Accusation grave. — Citation de *Delphine*, etc.

Les premières paroles que l'on ait ouï dire à Paris sur M. Necker ont été des incriminations et des récriminations qui ne m'importaient guère, attendu qu'il était question de son aptitude à certains profits illicites et de son ingratitude envers MM. Thélusson, dont il avait été le commis (1). Jusque-là personne

(1) Jacques Necker, né en 1752. Son père était garçon de caisse et son oncle était charcutier à Bâle en Suisse. Ceci n'a pas

ne se serait douté de son mérite et de ses vertus. Ensuite on entendit parler des travers de sa femme et de leur engouement pour le philosophisme ; et puis on parla de l'étrange éducation qu'ils donnaient à leur fille ; ensuite on a reparlé de M. Necker à propos de sa lettre au sieur Bouzard, qu'il avait fait insérer dans toutes les gazettes et qui parut un modèle achevé d'arrogance et de niaiserie boursouflée. Je me souviens que le début de cette ridicule épitre était BRAVE HOMME, *Je n'ai appris qu'hier, par l'acclamation publique, avec quelle honnêteté vous vous conduisez*.

Cependant le commis était devenu banquier, le banquier financier, le financier millionnaire ; et le vieux Maurepas, qui détestait le bon Turgot, s'ingénia du savoir-faire de ce marchand d'écus pour en user au profit de sa rancune. Le Roi Louis XVI avait résisté long-temps à lui faire ouvrir les portes de sa trésorerie, mais le vieux dictateur y mit une persistance inconcevable, une persécution sans exemple. Il obtint premièrement son entrée dans le conseil des finances, et finit par en faire un ministre du Roi Très-Chrétien. Devant Dieu soit son âme!

Comme il est indispensable que je fasse un choix parmi toutes les *corrections* qui furent administrées

---

la moindre importance à l'égard d'un Genevois ; mais c'est en observation des armoiries qui sont arborées par Mme sa fille.

(*Note de l'Auteur.*)

M. Necker est mort, à son château de Coppet, en 1804.

(*Note de l'Éditeur.*)

à ce Genevois, je me décide pour l'historique de ses démêlés fiscaux avec M. de Lauraguais.

Le Duc de Brancas, son triste père, avait trouvé bon de composer avec le contrôleur-général au sujet d'une action de retrait que celui-ci prétendait exercer au nom de S. M. sur le comté de Lauraguais, engagé pour une misérable somme de deux cent mille livres, et nonobstant les clauses de substitution où ce domaine se trouvait assujetti. C'était un acte de fiscalité judaïque ; mais, pour en déguiser l'âpreté, M. Necker avait imaginé d'en écrire au Comte de Lauraguais ; et voici la copie de sa lettre, qui n'est guère moins ridicule que son épître à M. Bouzard.

« Monsieur le Comte,

« Je crois devoir vous prévenir que l'intention du
« Roi est de rentrer en possession du domaine de Lau-
« raguais, engagé par contrat du 24 octobre 1726
« pour la somme de 195,600 liv.

« La conservation des droits du domaine de la cou-
« ronne, contestés pour la plupart à M. le Duc de Bran-
« cas, les procès qu'il a soutenus à cet égard, et les
« difficultés qu'éprouve au parlement de Toulouse l'en-
« registrement des lettres-patentes relatives au droit
« des Leudes, sont la base des motifs qui ont déterminé
« cette résolution.

« J'aurai soin que les droits de la substitution qui
« vous concerne soient conservés, et que l'emploi des
« deniers qui en sont l'objet soit fait d'une manière
« convenable.

« J'ai l'honneur d'être, etc.
« NECKER. »

M. de Lauraguais prit sa plume (qui n'était pas

mal affilée d'habitude), et voici la réponse qu'il fit à M. Necker.

« Je ne vous fais ni ne vous ferai aucun remercie
« ment, Monsieur, sur les peines que vous voulez bien
« prendre pour débarrasser mon père des procès et des
« embarras qu'entraînent toujours les grandes proprié-
« tés, non plus que des soins que vous me promettez
« pour veiller à la conservation des droits de la substi-
« tution à laquelle je suis appelé, en faisant vous-même,
« d'une *manière convenable*, l'emploi des deniers qui
« en sont l'objet. Je devais compter sur vos bons procé-
« dés, et même sur votre reconnaissance, à cause de
« la manière dont j'ai parlé de vous pendant tout l'hiver
« dernier ; j'ai mérité l'empressement que vous me té-
« moignez, autant que je l'ai pu, et néanmoins je refuse
« absolument vos services. Ce serait vous compromettre
« imprudemment que de ne pas s'opposer à vous faire
« brusquer et vous laisser immoler la grande question
« des domaines, pour éviter à mon père quelques em-
« barras contentieux, et pour me laisser une substitu-
« tion plus claire et plus nette. C'est un reproche que
« je n'aurai certainement pas à me faire. Ce que vous
« entreprenez ébranle tous les principes de la législation,
« et j'ai trop ouï dire à tous les gens du conseil de S. M.
« que vous ne saviez et n'entendiez pas un mot d'ad-
« ministration pour ne pas appréhender d'exciter des
« clabauderies contre le généreux citoyen de Genève
« qui veut bien se mêler des affaires du royaume et des
« miennes avec tant de gratuité. Ainsi, Monsieur, je
« vais avoir l'honneur d'écrire à M. le Comte de Mau-
« repas, et je vais ordonner à mon avocat au conseil de
« s'opposer, autant que possible, à toutes les marques
« de bonté dont vous voulez m'accabler.

« BRANCAS-LAURAGUAIS. »

M. Necker alla se plaindre au Roi comme si on lui eût enlevé Mlle sa fille. Il annonça qu'il allait se retirer des affaires et s'en aller dans son pays s'il n'obtenait vengeance et satisfaction ; enfin M. de Lauraguais fut exilé de Paris à cause de cette réponse ; et je ne sache pas que, dans cette occasion-ci, les encyclopédistes et les Necker aient déblatéré contre les lettres de cachet.

Mme Necker était la fille d'un prédicant de Genève, de Berne ou du pays de Vaud, ce qui n'importe guère. Elle avait été bonne d'enfans, gouvernante, ou je ne sais quoi d'approchant. Elle avait affecté pendant long-temps le puritanisme et la bigoterie calvinistes les plus austères ; mais elle avait fini par aller s'établir et se reposer dans un scepticisme absolu, ce qui lui fit beaucoup d'amis parmi les encyclopédistes.

Mademoiselle Churchod, devenue femme de M. Necker, avait grand'peine à supporter les Thélusson, auxquels elle ne pouvait pardonner ni le tort qu'ils faisaient à son mari dont ils se plaignaient, ni surtout la connaissance qu'ils avaient de ses antécédens. Tout le monde connait cette maison bâtie dans la rue Neuve-d'Artois pour la veuve de M. Thélusson, le banquier de Genève, à qui M. Necker avait dû sa fortune (1). Il est à savoir

(1) Cet hôtel, ouvrage de N. Ledoux, était composé d'une immense arcade hémisphérique, au travers de laquelle on apercevait une belle colonnade en rotonde, élevée sur des mammelons de roche abrupte entremêlés d'arbrisseaux. Il était situé précisément en face de la rue d'Artois, rue de Provence, et l'effet de cette construction pittoresque était ce qu'on peut imaginer de plus gran-

que cette femme, un peu maniaque, était pour le
mauvais air et les maladies cutanées dans un état
d'effroi continuel et d'angoisse mortelle.

Mme et M. Necker imaginèrent donc, pour faire
pièce à la veuve de leur bienfaiteur, de fonder et de
faire élever un *asile* uniquement destiné pour des
scrofuleux, des dartreux, des galeux, des teigneux et des lépreux (si l'on pouvait en trouver);
et c'était précisément sur un terrain qui joignait et
dominait les jardins de l'hôtel Thélusson, dont la
magnificence et l'originalité les offusquaient d'autant
plus que tout le monde en parlait et que, d'une
chose à l'autre, on arrivait naturellement de l'hôtel
à sa propriétaire et de la vieille dame à l'ancien
caissier de son mari, lequel était exclus de son beau
salon. (C'était le commis qui n'était pas admis.)

Pour s'abriter contre la philanthropie de ces deux
Genevois, Mme Thélusson fut obligée d'acheter les
mêmes terrains, qui restèrent long-temps en friche,
et sur lesquels on a fini par édifier le côté septen-

diose et de plus riant. C'était pour les dessinateurs et les ar-
chitectes un sujet d'études; c'était pour les amateurs un but de
promenade, et j'en ai connu qui faisaient le voyage ou qui se
dérangeaient de leur chemin pour avoir le plaisir de regarder encore une fois le grand cintre et les rochers, les colonnes et les
ormeaux de l'hôtel Thélusson. C'est un abominable tailleur, appelé Berchut, qui l'a fait démolir pour y bâtir des maisons
de plâtre, et tous les Parisiens de cœur et d'âme en ont gémi.
C'était la plus élégante habitation de cette capitale, et c'était
le seul monument du quartier d'Antin. La destruction de ce
charmant édifice est encore un bienfait de l'industrialisme.

(*Note de l'Éditeur.*)

trional d'une rue qui porte le nom de M. de Chantereine.

Cependant, ces bons et charitables Necker avaient long-temps et souvent parlé de leur projet de fondation pour un établissement de bienfaisance. Tous les brochuriers de leurs amis et tous les habitués de leur coterie avaient, comme à l'ordinaire, été leurs porte-voix auprès du public, et tous les journaux philosophiques en avaient retenti. — Comment donc faire? — Il a fallu s'exécuter pour ne pas donner gain de cause à tous les ennemis personnels de M. Necker, aux détracteurs de son épouse, aux adversaires de sa fille et aux antagonistes de son *compte-rendu*. Sa femme a fini par se décider à fonder l'Hospice de Madame Necker, appellation d'une modestie prodigieuse! Mais, comme il ne leur a pas été possible de l'établir dans le voisinage de Mme Thélusson, il est à remarquer que les teigneux n'y sont pas admis et que les galeux en sont exclus à perpétuité.

On aimait à contrôler dans la famille Necker, et, tandis que le mari contrôlait si désastreusement nos finances, la femme contrôlait pédantesquement toutes nos coutumes et jusqu'à nos façons de parler.

Elle avait imaginé que rien n'était si distingué que de se découvrir excessivement la poitrine; c'était à ses yeux le comble du bel air et la marque assurée d'une grande élévation dans les habitudes aristocratiques. Voilà du moins ce que disaient les personnes qui cherchaient à l'en excuser; mais, comme c'était une mode qui n'était plus suivie par les femmes de qualité, tout donne à penser que ces exhibitions pectorales de Mme Necker avaient encore un autre motif.

Elle se recherchait prodigieusement en fait d'expressions élégantes et pudibondes, en voulant toujours raffiner sur les délicatesses du langage, et de telle sorte qu'elle disait un *ensevelissement* au lieu d'un *enterrement*, une *jambe* de perdrix pour une *cuisse*, le *porte-feuille* d'un artichaut, une *mitre* de volaille au lieu d'un *croupion* de dinde, etc. Il est bon d'observer que c'était en étalant toute sa gorge au vent qu'elle affichait une si belle pruderie sur les bienséances.

Elle disait un jour à Mme de Meulan : — Je ne m'explique pas comment vous pouvez aller en voiture coupée? et j'aimerais mille fois mieux passer ma vie dans un fiacre que d'aller dans toute autre chose qu'une berline. — Dites-moi donc pourquoi, répondit l'autre. — C'est qu'on est plus loin des chevaux et qu'on ne les voit ni ne les entend faire... — Et quoi faire? — Des ordures et des bruits révoltans, répliqua Mme Necker avec un air de dégoût et d'indignation sans égale.

Mme Necker, *née Churchod*, ce qu'elle faisait mettre attentivement sur ses cartes de visite, avait été si bien élevée qu'elle ne se mouchait jamais qu'à l'envers de son mouchoir, ce qu'elle regardait chaque fois à l'ourlet avec une attention scrupuleuse; petite manœuvre dont elle avait toujours la mine de vouloir tirer quelque satisfaction de vanité puérile et honnête en faveur de son éducation parfaite et de ses antécédens distingués.

Elle avait perdu ses tablettes en se promenant

dans le jardin de l'hôtel de Soubise, et l'on y trouva ce qui suit :

Faire dire à M. Mercier que c'est moi qui ai décidé l'obtention du mandat des 300 livres..

Revenir sur le système des idées innées en conversant avec M. de Laharpe.

Retourner voir M. Thomas avant sa guérison; lui reparler de son dernier poëme afin de le louer davantage.

C'était une grande femme apprêtée, corsée, busquée, toujours endimanchée, tirée, comme dit le peuple, à quatre épingles, et ficelée comme une carotte de tabac. Laharpe assurait l'autre jour que j'avais dit autrefois que Mme Necker était taillée comme une caisse d'épargnes, qu'elle avait la physionomie d'un registre en partie double et que c'était la ville de Genève en fourreau de soie coquelicot : je ne m'en souvenais pas, et je ne m'en dédirai point ; mais ce qu'elle avait de plus *excentrique* et de plus *exotique*, c'était de se mouvoir ainsi que par une manivelle à ressorts, et de parler comme une machine à galimatias double, avec des ronflemens évangéliques en style réfugié, des modulations flûtées par le philanthropisme, et puis des tons de sévérité pédagogique à n'y pas tenir. On ne disait pas que ce fût (tout-à-fait) une honnête personne; mais c'était, dans tous les cas, une insoutenable pédante! Quand le Duc de Lauzun se mettait sur son beau dire (après le *dessert*), il se répandait contre elle en torrens d'exécration, et disait toujours qu'il ne mourrait jamais satisfait s'il n'avait pas eu le plaisir de la *souffleter*. Je n'ai jamais vu sentiment d'animadversion comparable à celui qu'il avait pour cette ennuyeuse, et ce qu'il y a de curieux, c'est qu'il ne la connaissait pas autrement que par l'impatience qu'il en avait prise en la regardant s'écouter parler; car il n'aurait eu garde de s'approcher d'elle, et il s'enfuyait à toutes jambes aussitôt qu'elle arrivait dans un salon. Enfin c'était une exagération d'horreur et d'aversion tout-à-fait inconcevable de la part de ce pauvre Lauzun, qui était la bienveillance et l'indulgence même, excepté pour les Necker. On dirait aujourd'hui que c'était par un pressentiment du sort qui l'attendait pendant la révolution que cette malencontreuse famille allait organiser dans notre pays.

Nous ne nous sommes jamais rien dit, Mme Necker et moi, si ce n'est un jour à l'Académie française. J'étais à la poursuite d'une place qui m'était gardée par la Duchesse de Narbonne auprès de Mesdames de France, et je passais devant Mme Necker à qui je ne songeais pas, lorsqu'elle me dit avec un air de condescendance et de protection : — Madame, *vous êtes la maîtresse* de prendre cette place que j'avais gardée pour l'Ambassadrice de Suède qui vient de me faire dire qu'elle ne pourrait venir. — Puisque j'en suis *la maîtresse*, et que vous voulez bien m'en laisser la liberté, madame, lui répondis-je avec un air de simplicité modeste, j'irai m'asseoir à côté de Mesdames, tantes du Roi.

Chamfort disait qu'il se disputait continuellement avec elle, et qu'il en était toujours tancé pour la familiarité de son langage. — *Enterré !* s'écriait Mme Necker... Pour peu qu'on ait pris l'heureuse habitude de vivre à Genève, il est difficile de s'acclimater à des locutions semblables! Souvenez-vous donc, monsieur de Chamfort, qu'il ne doit être loisible de se servir d'une pareille expression que pour des animaux tels que les *chiens*, j'oserai vous dire, et jamais pour des *humains!* — Eh bien, Madame, je dirai dorénavant *encrotté* quand il s'agira d'un chien, mais votre mot pharisien d'*ensevelissement* ne signifie pas du tout l'action de *mettre en terre*....... Alors c'étaient des discussions interminables où M. Necker avait la sagesse et la dignité de n'intervenir jamais autrement que par un sourire important ou par quelque mot oraculeux; tout cela pour réformer la langue française d'après le vocabulaire des Genevois.

Un jour que Mme Necker était malade, et qu'elle ne s'en était pas moins engainée dans un de ses fourreaux de satin nacarat, elle dit à Chamfort en lui montrant son corsage échancré : — Comment voulez-vous que l'on puisse être en bonne santé quand on est l'épouse d'un Ministre, et que l'on est condamnée à se sacrifier continuellement ainsi pour la convenance officielle et les exigences de la représentation?.....

Chamfort se mit à lui chanter impertinemment cette vieille chanson de Bussy-Rabutin :

> Églé, vous vous moquez tout bas
> Du feu qui nous consume,
> Et vous vous croyez des appas ;
> — C'est ce qui vous enrhume !

Mme Necker avait, ainsi que son mari et madame leur fille, la fureur des relations aristocratiques, la passion des belles manières et la rage des grands noms historiques; ils étaient ravis de recevoir familièrement chez eux le Vicomte de Montmorency; ils avaient toujours quelque chose à dire sur le Vicomte de Montmorency; ils ne parlaient que du Vicomte, et Rulhières avait su qu'ils avaient fait à eux trois un recueil d'observations sur les manières de faire et les façons de parler de Mathieu de Montmorency, qui était alors le Vicomte de Mme de Staël; en tout bien tout honneur s'entend, car s'il était bien tourné, ce n'était pas du côté de la galanterie (1).

Une excellente aventure est celle de Mme Necker avec un monsieur qu'elle avait supposé devoir être amoureux d'elle parce qu'il lui avait écrit deux jours de suite pour lui demander un rendez-vous. — C'était un *homme de qualité,* disait-on mystérieusement; c'était sans doute un enthousiaste de M. Necker, et c'était infailliblement un homme éperdu d'amour passionné, car la mère et la fille imaginaient toujours que tous les hommes étaient dévorés et consumés d'un ardent amour pour elles. Afin de ne laisser au nouveau soupirant aucune espé-

---

(1) On dit qu'il est bien revenu de ses erreurs politiques depuis qu'il est en émigration, et j'en serais charmée, car, avant de se laisser dénaturer et pédantifier par la famille de M. Necker, il avait toujours été le meilleur enfant, le plus agréable adolescent et le plus aimable jeune homme du monde. (*Note de l'Aut.*)

C'est M. Necker qui s'est chargé de publier le *Recueil d'Observations* dont parle Mme de Créquy, ce qu'il a fait dans ses *Mélanges.* Tout ce qu'on y trouve de plus intéressant et de plus curieux, c'est que M. Mathieu de Montmorency disait toujours NOUS AUTRES en parlant de sa famille. (*Note de l'Éditeur.*)

rance, et pour se délivrer de ses persécutions forcenées, la vertueuse épouse de M. Necker se détermina à donner une audience à cet amant téméraire!... Mais pour la décence et pour la sécurité de M. Necker, pour le bon exemple et pour l'édification de leurs intimes, il fut décidé qu'un appelé M. Bonstetten et le jeune M. Thélusson assisteraient invisiblement à la conférence, étant placés dans une embrasure de fenêtre et cachés sous un rideau. Mme Necker avait mis sa plus belle robe rouge et s'était fait crêper les cheveux tant qu'elle avait pu; elle avait fait provision de préceptes moraux et d'argumens irrésistibles; elle avait fait des versions d'éloquence admirable avec des préparatifs de délicatesse exquise et de moralité superbe! Enfin la porte s'ouvre, et M. le Baron de Peyrusse est annoncé (1).

C'était un petit bonhomme de soixante-cinq à soixante-dix, qui avait l'œil égaré, et dont le regard allait parfaitement d'accord avec la cervelle. — Madame, lui dit-il avec la précipitation d'un aliéné qu'il était, j'ai une déclaration à vous faire et j'ai voulu vous prévenir d'une chose que vous ne savez pas et dont il me paraît nécessaire que vous soyez instruite!........ J'ai vu pendant ma vie qui a déjà été assez longue, car je ne suis plus un enfant; je suis entré au service avec M. de Rasilly, qui jouait si bien au piquet..... Vous avez certainement ouï

(1) Louis-Marie de Peyrusse des Princes de Carency, Baron de Francastre et de Mirande Il était de la même famille que MM. d'Escars qui l'avaient fait *interdire*. (*Note de l'Auteur.*)

parler de M. de Richilly qui jouait si bien au piquet? Mais quel âge me donneriez-vous, Madame? voyons cela, quel âge me donneriez-vous? — M. le Baron, je n'ai point à me prononcer. — Comme il vous plaira, ma chère dame, comme il vous plaira, mais toujours est-il que je suis allé bien souvent..... ma foi! quarante ou cinquante fois peut-être!..... Ah! oui, je crois bien que je suis allé aux eaux minérales environ quarante ou cinquante fois..... — Mais, Monsieur..... — Madame, ayez la bonté de ne pas m'interrompre, parce que je ne viens ici que pour vous rendre service!..... J'y ai donc vu des mourans, des malades et des convalescens, et ce qu'ils appellent des valétudinaires. Ah! mon Dieu, les étranges figures que ces valétudinaires, et les singulières toilettes qu'on voit aux eaux! C'est à n'y pas croire, et si je vous disais que j'ai vu M. de Monfontaine et Mme de Mazarin en chapeaux de paille avec des couronnes de fleurs, et couchés tous les deux sur le même lit?........ — Monsieur, vous oubliez..... — Laissez-moi donc continuer, Madame, et ne faites pas la mijaurée, s'il vous plaît... Je vous disais donc que ces baigneurs et ces baigneuses ont souvent des coiffures et des accoutremens inconcevables. — Mais, Monsieur, quel intérêt voulez-vous que je prenne?..... — Madame, si vous m'interrompez toujours..... Tenez, vous me croirez si vous voulez, mais je vous donne ma parole que je n'ai jamais vu figure de femme aussi singulièrement, et, permettez-moi de vous le dire, aussi mal ajustée que vous l'êtes. — Allez, Monsieur, vous êtes un fou. — Pas du tout, Madame, et je viens ici pour vous conseiller de ne plus vous habiller ni vous coiffer de cette manière-là. Toute la dépense que vous faites pour votre toilette est de l'argent perdu !..... Mme Necker étouffait de colère, et ses préparatifs de sermon la suffoquaient. Cet extravagant lui dit ensuite que la taille et la figure de Mlle sa fille étaient trop massives et trop communes pour qu'elle pût avoir aucune prétention raisonnable à l'élégance ou la distinction, et que ce serait charité que de l'en avertir (M^le Nancy Necker). Elle eut toutes les peines du monde à se débarrasser de cet amoureux supposé qui voulait absolument la décoiffer. La frayeur avait fini par la prendre; les deux confidens intervinrent, et le petit M. Thélusson trouva la chose tellement comique, qu'il ne put s'empêcher de la raconter à ses amis.

Une autre fois, c'étaient M. Necker et Mme Necker, assistés de Mme Trudaine, autre philosophe éclairée, qui promenaient leur philanthropie dans la cuisine et les cabanons, les corridors et les cours de l'hôpital des fous ; c'était pour inspecter le régime alimentaire, hygiénique et curatif de ces détenus, et c'était aussi pour y contrôler cette partie de l'administration du Ministre de la maison du Roi, M. de Breteuil.

Mme Necker faisait toujours semblant d'être convaincue que les condamnés étaient des innocens et que la plupart des pendus n'avaient pas mérité de l'être ; mais elle était réellement persuadée que les trois quarts des gens renfermés aux Petites-Maisons n'étaient pas des insensés : c'étaient des infortunés sans crédit et sacrifiés à l'avidité de leurs parens dénaturés ; c'étaient quelquefois des prisonniers par lettres de cachet, et dans tous les cas, c'étaient des victimes de l'arbitraire ! Cette imagination de Mme Necker était l'objet de sa méditation prédominante ; c'était pour elle une idée fixe, une sorte de folie.

On avait parlé d'un mauvais coucheur, appelé M. Daunou de Guitry, que sa femme avait, disait-on, fait conduire à l'hôpital et loger à l'étroit, pour avoir ses coudées plus franches et le champ plus libre. Ainsi la première chose que firent nos redresseurs de torts, en arrivant à Bicêtre, ce fut de se faire représenter ce malheureux époux qui répondit à leur interrogatoire avec toute la raison, la tranquillité d'esprit et la résignation possibles. C'était, disait Mme Trudaine, un homme de cinquante à soixante ans, qui paraissait très-sérieux, très-discret et très-compassé ; mais, sur toute chose, il était respectueusement formaliste ; il ne proféra pas le nom de sa femme et ne la désigna pas même indirectement ; il dit seulement qu'il avait eu le cerveau dérangé, croyait-il, à la suite de plusieurs émotions pénibles, mais qu'il était guéri depuis plus de quatre ans, et qu'on abusait de l'état où il avait été pour le retenir indéfiniment dans cette maison, afin d'administrer sans contrôle et d'user plus commodément de sa fortune. M. le Contrôleur-général avait les larmes aux yeux, et sa bienfaisante épouse était radieuse ! On promit d'en parler directement au Roi, et M. de Guitry ne manqua pas de se confondre en actions de grâces, en remerciemens les mieux mérités et des plus légitimes, on en conviendra sans difficulté! La grosse Trudaine en pleurait d'attendrissement. — Excellente amie, disait-elle. — O couple unique! — Précieux êtres, à qui l'on devrait élever des autels dans le temple de l'Humanité!!!

La scène avait lieu dans la grande cour de Bicêtre, auprès de la grille, et tandis que Mme Necker inscrivait sur ses tablettes, avec un crayon, les noms et prénoms du prisonnier, avec certaines dates, et sous sa dictée, M. de Guitry lui dit à l'oreille avec un ton mystérieux : — *Savez-vous ce que je fais dans ce moment-ci?...* — Comment cela, Monsieur? — *Je pisse sur vous*, poursuivit-il avec un petit air goguenard et malicieusement familier.... Elle s'encourt, et le voilà qui la poursuit jusqu'à sa voiture, où M. Necker était déjà monté sur le marchepied.... — *Il m'est impossible d'y résister!* s'écria cette victime de l'arbitraire en donnant au sensible M. Necker un grand coup de pied qui le fit tomber sur nez en travers de sa berline ; — *on n'a pas deux fois une occasion pareille à celle-ci, je n'ai jamais vu postérieur aussi prodigieusement large!...*

Mme Necker aura dû penser que tout cela n'était pas des plus raisonnables.

M. Necker était véritablement d'une obésité difforme ; Maréchal de Bièvre aurait dit que Mme Necker n'était pas des agréables : chacun disait que Mlle Necker était des plus laides, et je vous dirai surabondamment qu'ils faisaient très-maigre chère : ils avaient prié mon fils à dîner (à cause de sa charge), et c'était un vendredi de carême. — Ah ça! lui disait le Comte de Guichen, fameux gourmand, j'espère bien qu'on ne vous aura servi au contrôle-général que des œufs de faisan, des primeurs de serre-chaude et des monstres marins? Mon fils répondit qu'il y avait des monstres (autour de la table) et que c'était des amphibies.

Mme Necker est la première personne à qui soit venue l'heureuse idée de frapper des médailles à l'effigie de M. de Voltaire et d'ériger des statues en son honneur ; mais ce ne fut pas tout-à-fait à ses dépens : elle en fut quitte pour un double louis qui reluisait en tête de la souscription dont M. Necker avait rédigé le prospectus avec toutes les formules de précautions qu'il aurait apportées à la confection d'un acte de *commandite*. On débuta par la statue en attendant l'autorisation de battre monnaie ; Mme Necker y fit contribuer *toutes ses connaissances* (sic erat in prospectu), l'abbé Raynal y fut inscrit pour vingt-quatre sous ; Pigale acheta son marbre ; Voltaire aiguisa sa plume afin de riposter convenablement à la galanterie de Mme Necker, et voici l'épitre de ce vieux perfide.

> Quelle étrange idée est venue
> Dans votre esprit sage, éclairé?
> A moi, chétif, une statue?
> D'orgueil je vais être enivré !
> L'ami Jean-Jacque a déclaré
> Que c'est à lui qu'elle était due ;
> Il la demande avec éclat !
> L'univers, par reconnaissance,
> Lui devait cette récompense ;
> Mais l'univers est un ingrat !
> En beau marbre, d'après nature,

C'est vous que je figurerai,
Lorsqu'à Paphos je reviendrai
Et que j'aurai la main plus sûre.
Ah ! si jamais de ma façon,
De vos attraits on voit l'image ?...
On sait comment Pygmalion
Traitait autrefois son ouvrage ?....

Il me reste à vous parler de Mademoiselle Necker, dont l'heureuse enfance et l'adolescence avaient été si parfaitement bien dirigées du côté de la pudeur, qu'elle ne voulait pas faire sa toilette devant le petit chien de sa mère ; mais pour la chienne de son papa, c'était différent : elle s'habillait en sa présence, à raison du genre et sans la moindre difficulté (c'était Madame Necker qui contait cela).

Le premier jour où le Baron de Staël ait paru dans leur salon, l'innocente fille était à regarder des images de la Bible. — Eh ! comment voulez-vous, disait-elle aux petites demoiselles Pictet, que je puisse vous faire distinguer la figure d'Ève de celle d'Adam ? Il est impossible de les reconnaître puisqu'ils ne sont pas *habillés*... Représentez-vous donc cette grosse pouponne de dix-neuf ans qui avait des appas comme une fermière, et voyez un peu le joli disparate entre l'ignorance qu'elle affectait sur les choses humaines et son bel esprit d'observation sur les chiens.

La fille de Mme Necker avait donc commencé par imiter sa mère en affectant la pruderie la plus renchérie, et c'est au printemps de sa vie qu'il faut rapporter ces vers du Comte de Sesmaisons :

« Armande a pour esprit l'horreur de la satire !
« Armande a des vertus dignes de ses appas.
« Elle craint les railleurs que toujours elle inspire.
« Elle fuit les amans qui ne la cherchent pas, etc. »

Mlle Necker ou Mme de Staël était ridiculement jalouse de sa mère, et particulièrement à l'égard du cœur de M. Necker, qu'elles se disputaient et voulaient s'arracher de manière à le mettre en lambeaux (1). La mère et la fille vivaient si mal ensemble, qu'elles passaient des mois entiers sans s'adresser la parole; mais, lorsque Mme de Staël a perdu sa mère avec laquelle elle se conduisait si tendrement, elle en a fait des lamentations interminables, et c'est toujours autant, pour la gloire de la famille. Le père et la fille ont fait arranger le corps de Mme Necker, avec de l'esprit de vin, dans un grand bocal de verre, ainsi qu'une curiosité d'histoire naturelle; il est déposé dans un pavillon du jardin de Coppet, et l'on dit que c'est la chose la plus horrible à voir.

Ce fut la Reine Marie-Antoinette à qui vint la pensée de faire épouser Mlle Necker au Baron de Staël, Ambassadeur de Suède à Paris. — Elle est bien laide et c'est un bel homme, disait cette Princesse; il est très-pauvre, mais elle est très-riche, et,

(1) Mme de Staël a cru devoir confier au public que, lorsqu'elle se représentait M. Necker dans sa jeunesse, c'est-à-dire lorsqu'il était *si beau, si jeune, et si seul*, elle éprouvait toujours un *regret inconsolable de n'être pas née sa* CONTEMPORAINE. *Note de l'Éditeur.*)

comme ils sont protestans tous les deux, c'est un mariage qui ne sera pas des plus mal assortis. Mlle Necker et sa famille n'auraient eu garde de refuser une alliance qui devait lui procurer le titre d'Ambassadrice; aussi la chose fut-elle arrangée sans difficulté; mais l'Ambassadeur avait toujours l'air embarrassé de sa femme. . . . .

. . . . Comme leurs appartemens, au contrôle général, étaient séparés par une grande cour, on disait qu'ils ne se voyaient que par la fenêtre, et l'on ajoutait que M. de Staël ne s'y mettait pas souvent. . . . .

. . . .
. . . .
. . . .
. . . .
. . . .
. . . .
. . . .
. . . .
. . . .
. . . .
. . . .
.

Aussitôt qu'elle eut à songer à l'éducation de ses enfans, dont elle ne s'occupait pas beaucoup plus que de sa mère et de son mari, elle se mit à faire des recherches pour leur trouver un précepteur et une gouvernante, et c'était avec l'ostentation la plus ridicule. Vous pensez bien qu'il ne fallait pas moins qu'un Phénix de protecteur et une Merveille de gouvernante pour suppléer Mme de Staël dans les soins qu'elle ne pouvait prendre, absorbée comme elle était dans ses occupations philosophiques et politiques. La principale chose qu'elle exigeait pour la gouvernante et le précepteur de ses enfans, c'est qu'ils *eussent connu l'amour* et qu'ils *ne le connussent plus*, ce qui n'était pas facile à constater. . . .

. . . .
. . . .
. . . .
. . . .
. . . .
. . . .
. . . .
. . . .
. . . .
. . . .

On disait aussi que sa fille avait une ressemblance parfaite avec M. de Constant, ce qui me rappelle une plaisante réplique du petit de C..., à qui je ne sais quelle amie de Mme de Staël avait dénié la chose, en disant que Benjamin Constant lui paraissait d'une laideur ignoble, tandis que Mlle de Staël était belle comme un ange ! — Prenez-la par le bras, répondit-il, cassez-lui les dents, arrachez-lui les cheveux et traînez la dans le ruisseau pendant trente ans, vous verrez qu'ils se ressembleront comme deux gouttes d'eau . . . .
. . . .
. . . .

C'est depuis la mort de son mari que Mme de Staël s'est avisée d'ajouter à son nom celui de Holstein, ce que les trois branches de la maison royale de Holstein n'ont jamais pu s'expliquer, et ce que son mari, sujet d'un Prince de Holstein, n'aurait sûrement pas autorisé par son exemple.

Avec son goût pour l'emphase et ses préoccupations héréditaires en fait d'aristocratie, Mme de Staël-Holstein n'a pas le moindre goût pour la magnificence. Il paraît qu'elle est restée bourgeoise de Genève et fille de banquier pour tout ce qui tient à l'argent. Ses ennemis l'accusent de ladrerie, et ses amis sont obligés d'avouer qu'on meurt de faim chez elle. On a beaucoup parlé d'une scène avec son ami Benjamin Constant, devant sept ou huit personnes, à propos de vingt-deux mille francs qu'il ne pouvait ou ne voulait pas lui payer. — Vous avez les plus beaux yeux possibles et des mains superbes ! lui disait-il pour l'apaiser.— C'est vrai, lui répondit-elle à moitié vaincue, mais j'ai eu le plaisir de m'entendre dire ces choses là *pour rien*.

Je n'ai jamais rencontré Mme de Staël que deux fois dans ma vie, et c'était, premièrement, à l'hôtel de Boufflers, où j'arrive un soir au milieu d'une belle conservation de Mademoiselle Necker avec M. Bailly. Elle avait commencé par dire qu'elle ne pouvait estimer ni supporter l'immense majorité, la généralité, la presque totalité des hommes, attendu qu'ils étaient sans ressort, sans enthousiasme de l'humanité, sans énergie dans les affinités électives ; enfin, parce qu'ils n'avaient pas de cœur, qu'ils n'avaient rien du tout dans la région du cœur, à moins que ce ne fût une pierre silexile, un caillou roulé, un pavé fangeux !..... Ensuite elle se mit à parler à Bailly de son livre sur l'Atlantide, et puis du nouveau traité sur le Monde Primitif, et de l'Histoire véritable des temps fabuleux, sans oublier de parler du feu central de Mairan et du Système de M. de Buffon sur le refroidissement du globe. Elle n'avait pas eu l'air de prendre garde à mon entrée dans le salon, ce qui ne l'empêcha pas de me dire assez brusquement : — N'est-il pas vrai, Mme de Créquy, n'est-ce pas qu'il ne saurait exister aucun monument lapidaire antérieur au grand cataclysme ? — Mme de Luxembourg se mit à rire, et me dit : — Qu'en pensez-vous ? — Je dois penser, répondis-je à ma cousine avec un air sérieux, je dois penser qu'il n'existe pas d'autre monument lapidaire, antérieur au déluge et contemporain de la création, que le cœur de l'homme ?... — Mlle Nancy se mit alors à dire au Chevalier Smittson, qui parlait du faubourg St-Germain : — Ne me parlez plus de votre ruisseau de la rue du Bac, je n'en donnerais pas deux sous !....

Lorsque j'ai vu pour la seconde fois M^{le} Necker, elle était devenue Mme de Staël, et c'était à l'hôtel de Breteuil, à l'époque où elle venait de publier son livre de la *Paix intérieure,* qu'elle avait dédié au *peuple français.* Opuscule assez brillant, mais absolument dépourvu de bon sens. Tous ces ouvrages de pur esprit et d'imagination spéculative ne sont presque jamais établis sur un grand fonds de raison (c'est comme les jets d'eau, qui ne sont pas toujours alimentés par des rivières); j'étais donc à l'hôtel de Breteuil, assise entre Mme d'Esclignac et ma belle-fille, lorsque nous entendîmes, avec l'explosion d'une forte voix : — *Que me fait l'opinion, cette ennemie dédaigneuse et méprisable ?.... La féodalité me poursuit de ses plaintes!.... Ah! la France, la France! je ferai ma destinée de son bonheur!*

Mon Dieu, quelle est cette patriote emphatique? me dit Mme votre mère. La Marquise d'Esclignac ne la connaissait pas plus que moi, mais nous décidâmes que ce ne pouvait être que la fille de M. Necker, et d'autant mieux qu'elle était en colloque avec le Duc d'Aiguillon, à qui personne ne parlait jamais, et de plus, avec cette Mme de Lameth, qu'on appelait Dondon Picot. Mme d'Esclignac se leva pour s'en aller souper chez elle avec ses dattes de Smyrne, et voilà Mme de Staël assise à sa place, à côté de nous, et au-dessus de moi, c'est-à-dire au plus près de Mme de Matignon, qui faisait les honneurs de la maison de son père, et cela, sans autre cérémonie de la part de cette ambassadrice, et sans m'en adresser un mot d'excuses! Vous voyez comme elle avait bien pris les habitudes du grand monde avec MM. Louis de Narbonne et Mathieu de Montmorency.

— Madame de Créquy, me dit-elle avec une familiarité charmante, je suis enchantée de faire connaissance avec vous. Il y a long-temps que j'en désirais l'occasion, et je vous avouerai que j'ai pour votre famille une prédilection singulière, un culte de latrie! Elle me dit alors qu'elle était allée la veille au château de Conflans, pour y visiter cette maison pendant l'absence de l'Archevêque de Paris, et qu'elle y avait vu un superbe portrait du Duc de Créquy-Lesdiguières, dont elle ne pouvait parler qu'avec une sorte d'admiration frénétique. — Ah! je comprends parfaitement, depuis que j'ai vu son portrait, qu'il ait fait tourner toutes les têtes, et qu'il ait été l'idole des plus aimables femmes de son temps, et voilà qu'elle se met à nous chanter à mi-voix :

> « Si j'avais la vivacité
> « Qui fait briller Coulanges,
> « Si je possédais la beauté
> « Qui fait régner Fontanges,
> « Ou si j'étais, comme Conty,
> « Des Grâces le modèle,
> « Tout cela serait pour Créquy,
> « Dût-il m'être infidèle (1) ! »

— Il y a, poursuivit-elle, dans cette déclaration d'une femme (elle ignorait que ces vers étaient de l'Abbé de Choisy), il y a dans cette déclaration d'une femme une sorte de dévouement généreux et d'abnégation passionnée qui fait tressaillir et qui me fait venir les larmes aux yeux ! C'est un madrigal adorable, c'est le plus parfait modèle de cette sorte de poésie, c'est l'archétype du genre ! Mais je trouve qu'il est encore à cent piques au-dessous de la charmante épigramme contre Ninon ! Ah ! quelle ironie délicate et délicieuse ! Ne pensez-vous pas que ce soit le chef-d'œuvre des épigrammes (2) ? Et ne pensez-

(1) François, IVe du nom, Duc de Créquy, de Lesdiguières, de Retz, etc. Il était mort en 1704 à l'âge de 25 ans. *Voy.* vol. Ier, Chap. XI. (*Note de l'Éditeur.*)

(2) « Tu vis un Duc dans Lesdiguières,
    « Il était beau comme le jour !
    « Moi, je n'avais que mon amour...
    « Encore, je n'en avais guères. »

Je crois que l'auteur de cette épigramme est Pélisson, et du

vous pas aussi que ce jeune Duc de Lesdiguières était véritablement le fils de l'Archevêque de Paris, M. de Harlay? Car, sans cela, comment son portrait serait-il au château de Conflans, et dans un panneau d'attache, encore? Je suis persuadé que ce bel Archevêque était son père!

Mme votre mère était bien jeune encore, et je vis qu'elle était sur le point d'éclater de rire. J'étais bien aise de donner un exemple de savoir-vivre à ma belle-fille, et je ne fus pas autrement fâchée d'avoir occasion de manifester à cette ambassadrice parvenue, que le sans-gêne et les sans-façons, d'elle à moi, n'étaient pas de mon goût. Je la regardai sérieusement d'abord, et puis je lui répondis avec un demi-sourire, que si j'avais cru la chose dont elle me faisait l'honneur de me parler, je n'aurais pas épousé M. de Créquy. Je vous assure qu'elle en demeura tout-à-fait décontenancée. Elle s'en alla bientôt dans une autre chambre, où l'on nous dit qu'elle s'était mise à disputer avec l'Abbé Maury qui lui fit entendre les vérités les plus dures au sujet de M. Necker et de son *compte-rendu*. Cet Abbé lui dit notamment qu'il n'y avait en France que *trois cent trente mille* protestans (au lieu de 2 millions), sur

moins c'est la tradition de votre famille. Votre grand-père disait toujours qu'il était bien heureux pour mon repos et celui de votre mère, que Ninon ne fût plus de ce monde, attendu qu'elle avait eu pour amans tout autant de Créquy qu'elle en avait pu trouver. Le Grand-Prieur de Froulay m'a dit avoir connu 65 personnages qui avaient été dans les meilleures grâces de Mlle de Lenclos, et qui étaient restés ses très affectionnés serviteurs. (Je compte bien qu'on ne vous laissera lire ceci qu'en âge de raison !)

(Note de l'Auteur.)

trente millions sept cent mille habitans régnicoles (au lieu de 24 millions); ce qui faisait voir assez clairement que M. Necker avait altéré la vérité, sciemment, et à dessein de faire croire que chaque tête de sujet français payait au Roi *vingt-quatre* francs d'impôt, tandis qu'on n'en payait en réalité que *dix-sept*. C'était donc pour en arriver à cette misérable combinaison d'un homme de comptoir, que M. Necker avait fait un faux rapport à Louis XVI, en y réduisant la population du royaume à *vingt-quatre millions* d'individus.

Un des principaux méfaits politiques de Mme de Staël, est d'avoir été l'agent et le mobile de la première effusion du sang humain qui ait eu lieu pendant la révolution française. M. Foulon d'Escottiers avait adressé au Roi un mémoire dont il était l'auteur, et dans lequel il conseillait et proposait à S. M. de faire arrêter les principaux députés révolutionnaires. Ce malheureux Comte Louis de Narbonne en eut connaissance, et commit l'indiscrétion de le confier à Mme de Staël, qui eut l'indignité de le faire dire à Mirabeau. Le meurtre de M. Foulon fut résolu, ainsi que celui de M. Bertier de Sauvigny, son gendre. Mme de Staël aura beau se retrancher dans son intention patriotique, on aura toujours à lui reprocher d'avoir été la cause de ces deux assassinats.

On a dit de cette fille de M. Necker, qu'elle avait *plus d'esprit qu'une femme ne peut en conduire*, mais je ne sache pas que les frégates soient en péril de sombrer plutôt que les gros vaisseaux, par un gros temps. La bonne conduite et le salut du navire ne dépendent que de la voiture qu'il ne faut pas enfler et déployer avec témérité. Je dirai plutôt de Mme de Staël qu'elle a *plus de passions qu'une femme ne doit en produire* (1).

(1) Mme de Staël vient de publier encore un livre où l'on trouve un éloge de M. de Necker, un éloge de la révolution française, un éloge de Mme Necker, un éloge de l'adultère et un éloge du suicide. C'est un ouvrage en style iroquois, où l'auteur avance une foule de singularités surprenantes. On y voit notamment que *les femmes n'ont d'existence que par l'amour, et que l'histoire de leur vie commence et finit avec l'amour,* ce qui n'est certainement pas vrai pour les femmes honnêtes ou raisonnables. On est allé lui dire que je m'étais moquée de cette proposition-là.—Votre Madame de Créquy n'est plus une femme, a-t-elle répondu. (Elle croit apparemment qu'en vieillissant les femmes deviennent des licornes.) Du reste, il paraît que Mme de Staël avait commencé par *interroger la vie qui passait sans lui répondre,* et qu'ensuite elle a *éprouvé la vie qui lui a tout dit,* ce qui ne l'a pas empêchée d'avoir manqué la vie. Il paraît aussi qu'après *s'être livrée à des émotions sans bornes,* elle est *une âme exilée de l'amour, qui a fermé tout espoir sur elle!* Pauvre petite exilée de l'amour, à 49 ans !...

(Note de l'Auteur.)

CHAPITRE VI.

Mme Dubarry et les Barrymore. — Mme de Mirepoix et le Vicomte de Laval. — Arrangement de famille au sujet de Mme Dubarry — Résultat d'un souper dans les petits appartemens de Versailles. — Laharpe chez Mme Dubarry. — Mme de Saint-Jullien, surnommée le *papillon philosophe*. — Lecture de Voltaire chez Mme de Saint-Jullien. — Brouillerie qui en est la suite. — Lettre d'éloges adressée par Voltaire à Mme du Barry. — Mort du maréchal d'Armentières et du Marquis de Chauvelin. — Pressentimens du Roi. — Sa maladie. — Sa mort. — Exil de Mme du Barry. — Rappel du Comte de Maurepas.

J'avais cessé d'aller faire ma cour en 1771, et vous en comprendrez la raison que vous ne sauriez certainement désapprouver...... Je n'ai vu Mme Dubarry qu'une seule fois pendant la vie de Louis XV, et c'était à la revue de la maison du Roi dans la plaine des Sablons. Mme de Mirepoix était dans le même carrosse, à la gauche de cette belle dame, et je demandai quelle pouvait être cette princesse inconnue qui traitait si familièrement la veuve d'un Prince de Lorraine et d'un Maréchal de France? Le Vicomte de Laval me dit, comme si de rien n'était : — C'est madame la Comtesse du.... Barry, car il eut la délicatesse charmante et la courtisanerie de séparer l'article du nom, pour le bon exemple. — Je tire le cordon (sans répondre au

Vicomte), et je m'écrie : — Chez moi ! ... Mon cocher ne manqua pas de couper cette voiture où se trouvait la Maréchale que je ne saluai point, à qui je n'ai reparlé de ma vie, et à laquelle on m'a plusieurs fois reproché de n'avoir pas rendu ses révérences. Le Maréchal de Beauvau son frère, et la Maréchale, sa belle-sœur, ne la traitaient pas différemment. Elle était devenue pour sa famille et dans notre société comme une brebis galeuse ; mais elle allait s'en consoler avec le Passe-dix et le Macao du Roi. Pauvre joueuse ! A présent que notre irritation s'est apaisée, nous disons souvent, en parlant de Mme de Mirepoix, son frère et moi : — Quel dommage ! Et c'était le refrain général de son temps; car on ne pouvait s'empêcher de l'aimer, tout en la blâmant avec amertume ; elle avait été pendant quarante ans mon amie la plus intime, et c'est précisément par cette raison là que je lui montrai plus de sévérité.

Mme du Barry me sembla belle à la façon d'une image, ou plutôt des figures de cire, avec des yeux fixes et des paupières mal garnies. Sa toilette était en dehors de la mode, avec la prétention de la diriger ou de la devancer, ce qui est toujours une enseigne de mauvais goût. Nous la retrouverons vingt-quatre ans plus tard à Sainte-Pélagie, la malheureuse, et vous verrez que ses toilettes de prison n'étaient guère moins recherchées que ses toilettes de cour.

Cet imbécille de Vicomte, à qui tout le monde jetait la pierre, avait une étrange manière de se disculper de son obséquiosité. Il racontait que son père l'avait fait guetter à son arrivée d'Allemagne, pour le faire prévenir qu'il aurait à lui parler d'une chose importante, avant d'avoir vu personne à Paris, et le plus tôt possible ! Il accourut en grand-hâte à l'hôtel de Laval, rue Notre-Dame-des Champs, et voici comment lui parla M. son père (il avait la réputation d'une rigidité sans égale, et du reste, il avait été comblé de faveurs et de bienfaits par Louis XV :) — Vous avez connu, m'a-t-on dit, une jeune personne appelée Mademoiselle Lange... et pourquoi ne me répondez-vous pas ? — Mais, mon — père... Eh bien donc? — C'est que... — Mais quoi? — C'est que c'est une personne... — Mais c'est une personne dont il est bon de cultiver la connaissance. Elle a épousé M. le Comte de Barry, qui est un gentilhomme de très bonne origine irlandaise, et qui s'est trouvé parent des Lords Barry, Comtes de Barrymore : il a été reconnu par eux ces jours derniers, de sorte qu'on a présenté Mme la Comtesse du Barry à Versailles où le Roi la traite avec une bonté particulière ; elle a tout le crédit qu'on peut avoir, ainsi ne manquez pas d'aller lui faire votre cour assidûment et aussi respectueusement qu'il est possible. Je la tiens bien certainement pour une fort honnête personne ; mais, comme il se pourrait qu'autrefois vous eussiez entendu dire quelque chose de malséant et d'injuste à son égard, j'ai voulu vous avertir de sa position nouvelle et de mes intentions, pour que vous ne disiez rien qui soit de nature à la désobliger. J'ai voulu vous prévenir aussi qu'il est question de créer des Maréchaux de France; ainsi, vous voyez l'intérêt que je puis avoir à vous indiquer cette façon d'agir. Il a été convenu que votre frère, le Marquis, prendrait parti contre cette dame, ce dont il se tire le mieux du monde et très naturellement : c'est une chose arrangée, parce qu'il est bon de songer à M. le Dauphin; vous avez moins de consistance que votre frère, parce que vous êtes le plus jeune et que vous passez pour étourdi, ce qui me semble un motif de sécurité pour vous, n'importe ce qu'il en arrive. J'aurais eu le désir et l'intention de rester dans une sorte de neutralité qui convient à mon âge ainsi qu'aux habitudes régulières de toute ma vie ; mais nous sommes bien embarrassés, votre mère et moi, parce que le Roi nous a fait l'honneur de nous désigner pour un souper dans ses cabinets, où nous avons l'inquiétude de nous trouver avec Mme du Barry. Vous ne sauriez imaginer le chagrin que cela fait à votre mère : elle en est malade et n'a fait autre que d'en pleurer depuis deux jours et deux nuits ; mais j'ai beau me creuser le cerveau, je n'y trouve aucun remède ; il faudra que votre pauvre mère y vienne, et c'est une grande affliction pour nous.

Ce qui résulta du souper dans les cabinets, c'est que la mère du Vicomte y fit si triste mine à Mme du Barry, qu'on s'empressa de la rayer de la liste des petits appartemens : mais ceci n'empêcha pas le mari d'obtenir un bâton de Maréchal de France. Ce dernier personnage était à peu près aussi recommandable et aussi considérable que peut l'être un homme qui manque absolument d'esprit ; on n'en parla que pour le disculper en disant bonnement
— C'est qu'il est si bête ! exclamation qui suffit

toujours à la malignité. La Maréchale était la vertu même : on attribua cet unique faux pas dans sa démarche à la douceur et la faiblesse de son caractère; mais il est à remarquer que ce fut la seule *dévote* à qui l'on eut à reprocher un pareil acte de complaisance.

M. Laharpe avait fait jouer mille ressorts pour être admis à faire une lecture en présence de Mme la Comtesse. M. de Brissac arrangea cette grande affaire, et Laharpe arriva chez elle, une de ses tragédies à la main; c'était *les Barmécides,* et Mme du Barry commença par s'écrier dès la première scène. —Ah! que c'est beau! comme c'est beau! que c'est donc beau!!! Mais avant la fin du premier acte, elle se mit à bâiller comme une huitre. Ensuite elle interrompit la lecture en disant qu'elle serait bien aise de revoir quelque chose sur le cahier...... Elle y jeta les yeux, toujours en bâillant : — Ayez la complaisance de me lire seulement les dernières scènes, dit-elle à M. Laharpe en lui rendant son manuscrit avec un aimable sourire......... Figurez-vous l'humiliation de ce vaniteux personnage et la colère de ce poète irascible !

Ceci me rappelle une autre lecture qui avait pensé brouiller Voltaire avec Mme de St.-Jullien, laquelle était beaucoup plus occupée du souper qu'elle devait nous donner que de la tragédie de *Tancrède.* Un valet de chambre était arrivé sur la pointe du pied pour attiser le feu, et pendant qu'il était baissé auprès de sa maîtresse, on entendit qu'elle lui disait à l'oreille: — A-t-on pu se procurer des oreilles de sanglier?—Ah! tant mieux, j'en suis bien aise! Ensuite elle le rappela de l'autre bout de la chambre, en criant : — Botard! Botard!... Mais Botard était déjà trop loin pour l'entendre, et le Marquis de la Tour-du-Pin s'élança pour le ramener auprès de sa tante. — Dites donc qu'on les serve en *menus-droits,* et qu'on n'oublie pas d'y faire une sauce avec de la moutarde au vin doux..... Voltaire, ayez la bonté de continuer. — Ayez donc la bonté de continuer. — Ah! Madame... de la moutarde!..... lui répondit ce philosophe outragé, qui roula son manuscrit et s'en alla sans vouloir achever sa lecture, et sans vouloir attendre sa voiture, malgré toutes les excuses et les coquetteries de Mme de St.-Jullien. Ce fut une brouillerie sérieuse, et Mme de Mauconseil, assistée de M. de la Tour-du-Pin, son gendre, eut bien de la peine à réconcilier Voltaire avec son *papillon philosophe* (1).

Voici la copie d'une lettre adressée par ce grand homme à Mme du Barry; et, comme la mort de Louis XV arriva peu de temps après, je ne fus pas étonnée d'apprendre que Voltaire était désespéré de l'avoir écrite.

« Madame,

« Monsieur de la Borde, qui est assez heureux pour avoir l'honneur et le bonheur de vous faire souvent sa cour, m'a, j'oserai vous l'assurer, comblé de joie! car

---

(1) Cette anecdote est rapportée dans les *Mémoires de M. de Pougens,* à qui Mme de Créquy l'avait racontée. Cet ouvrage, nouvellement publié, contient plusieurs détails intéressans sur la personne et la famille de Mme de Créquy. (*Note de l'Édit.*)

il m'a dit que vous lui aviez ordonné de m'embrasser de votre part, et des deux côtés.

> Quoi ! deux baisers sur la fin de ma vie !
> Quel passeport vous daignez m'envoyer.
> Deux ! c'en est trop, adorable Égérie ;
> Je serais mort de plaisir au premier !

« Il m'a montré votre portrait ; ne vous offensez pas, Madame la Comtesse ; car j'ai pris la liberté de lui rendre les deux baisers avec un transport de passion que mon profond respect avait grand' peine à tempérer.

> Vous ne pouvez empêcher cet hommage,
> Faible tribut de quiconque a des yeux :
> C'est aux mortels d'adorer votre image ;
> L'original était fait pour les Dieux......

« M. de la Borde m'a fait entendre plusieurs morceaux de *Pandore :* ils m'ont paru dignes de la protection dont vous honorez le compositeur. La faveur accordée par vous, Madame, aux véritables talens est la seule chose qui puisse augmenter l'éclat dont vous brillez. Daignez, Madame, agréer l'hommage et le tribut d'admiration d'un vieux solitaire, dont le cœur n'a presque plus d'autre sentiment que celui de la reconnaissance, etc.

« VOLTAIRE. »

L'Évêque de Senez, dont je vous ai parlé, avait prêché devant le Roi sur un texte rigoureux, car c'était « *Malheur à celui par qui le scandale arrive!* » et l'on remarqua que ces paroles sévères avaient fait beaucoup d'impression sur l'esprit de S. M.

Le Maréchal d'Armentières et M. de Chauvelin avaient été frappés de mort subite en présence du Roi, dans son cabinet (1), et l'on découvrit que ce prince en avait conçu les pressentimens les plus sinistres.

Mme du Barry s'occupa de lui procurer des distractions bien dignes d'elle et bien indignes de lui, comme on peut croire..... Il alla s'enfermer à Trianon pendant quelques jours, et l'on apprit avec effroi qu'on venait de le transporter à Versailles parce qu'il avait *gagné* la petite-vérole. La première chose que fit S. M. quand elle fut établie dans son appartement, ce fut d'ordonner qu'on n'y laissât pas entrer M. le Dauphin ni sa famille; ensuite elle dit à M. de Duras. — Je vous prie d'envoyer prévenir la Duchesse d'Aiguillon qu'elle me ferait plaisir d'emmener la Comtesse du Barry hors du château : je craindrais qu'elle n'y fût insultée, ce qui serait fort injuste, attendu qu'elle n'a jamais fait de mal à personne. J'ai peur qu'on ne la rende malheureuse, et je la recommande à votre attachement pour moi.

Jamais le Roi ne s'était exprimé de la sorte; on

---

(1) Louis de Conflans-Brienne des Empereurs d'Orient, Marquis d'Armentières, Maréchal et Vice-Amiral de France, Chevalier des Ordres, etc., né en 1711, mort en 1774.

Claude-François Chauvelin, Seigneur du Marquisat de Grosbois, ancien Ambassadeur de France à Gènes, etc. La république de Gènes l'avait fait inscrire au livre d'or de sa noblesse en 1755, ce qui fit tant de peine au vieux Prince de Monaco, Noble génois, qu'il en mourut d'apoplexie en apprenant cette fâcheuse nouvelle. (*Note de l'Auteur.*)

augura que ce pouvait être un fâcheux symptôme, un signe de mort prochaine, et M. de Duras envoya dire au Grand-Aumônier ce qu'il en pensait. Le même Duc de Duras sortit ensuite de la chambre du Roi, dont il avait fait laisser la porte ouverte et s'avança jusqu'au milieu de la salle du conseil où se tenaient les Princes et les courtisans, auxquels il fit une salutation profonde, en disant à très haute voix et de manière à pouvoir être entendu de S. M. :
— Messeigneurs et Messieurs, je vous prends à témoin que le Roi demande à voir M. l'Abbé Mandoux, Confesseur ordinaire de Sa Majesté.

Après une séance d'une demi-heure avec cet ecclésiastique à qui Mesdames, filles de France, avaient fait dire à l'avance de ne pas s'éloigner du château, Louis XV eut une conférence particulière avec le Cardinal Grand-Aumônier, à la suite de laquelle Son Éminence ordonna d'aller chercher le Saint-Sacrement et de préparer ce qu'il fallait pour donner l'extrême-onction. Avant d'administrer le viatique à S. M., le Cardinal de la Roche-Aymon vint chercher toutes les personnes qui se trouvaient dans la première salle, et quand elles furent entrées dans la chambre du Roi, il se prit à dire en fondant en larmes : — « Messeigneurs et
« Messieurs, quoique le Roi ne doive compte de ses
« actions qu'à Dieu seul, il n'en est pas moins fâché
« d'avoir causé du scandale à ses sujets ; il me
« charge de vous déclarer qu'il en éprouve une
« contrition douloureuse, un repentir sincère ; il
« m'ordonne de vous protester en son nom que, si
« Dieu lui laisse la vie, il ne veut plus vivre désor-

« mais que pour le bonheur et l'édification de son
« peuple, pour la manifestation de la foi chré-
« tienne et pour la gloire de notre sainte religion.
« Unissons nos prières à celles du Roi pour demander
« à Dieu le pardon de ses péchés, le bienfait de la pé-
« nitence et la prolongation des jours de Sa Majesté. »

La châsse de Sainte Geneviève avait été descendue, et le peuple affluait dans toutes les églises, et principalement celle de Notre-Dame, pendant les prières des quarante heures qui ne purent sauver la vie de ce malheureux prince, dont les tristes jours étaient comptés. On a dit que l'Évêque de Senez s'était réveillé brusquement au milieu de la nuit, et qu'il avait sonné son valet de chambre en lui disant de rester auprès de son lit jusqu'au point du jour. Quand ses amis cherchaient à le questionner, il en éprouvait une contrariété visible et détournait toujours la conversation ; mais ce que j'ai su par Mme de Gisors, c'est qu'il avait cru entendre proférer à son oreille avec un accent lamentable : — *Malheur à celui par qui le scandale arrive!* et qu'il avait dit à son valet : — Le Roi vient de mourir ; prions pour le repos de son âme.

Le premier acte que le Roi Louis XVI ait fait de son autorité royale, ce fut d'exiler Mme du Barry au monastère de Pont en Brie, et le même jour il écrivit en ces termes à M. de Maurepas, qui avait passé les deux tiers de sa longue vie dans l'exil (1) :

(1 Jean Frédérick Phélippeaux, Comte de Maurepas et Yveline et de Pontchartrain, né en 1751, mort en 1781.
Si cette copie de la lettre du Roi diffère essentiellement de

« Mons le Comte de Maurepas, dans la douleur qui
« m'accable et que je partage avec tout le royaume, j'ai
« de grands devoirs à remplir : je suis Roi, et ce mot
« dit assez quelles sont mes obligations. Mais je n'ai que
« vingt ans, hélas! je n'ai pas les lumières et l'expé-
« rience qui me seraient nécessaires, et de plus, je ne
« puis communiquer avec aucun des ministres, parce
« qu'ils ont tous vu le feu Roi pendant sa dernière
« maladie. La certitude que j'ai de votre probité, de
« votre connaissance des affaires et de votre prudence,
« m'engage à vous dire de venir m'aider de vos con-
« seils. Revenez donc le plus tôt qu'il vous sera pos-
« sible à la Muette où je vous attends, priant Dieu,
« mons le Comte de Maurepas, qu'il vous ait en sa sainte
« garde.

« LOUIS. »

celle de certains annalistes, ce n'est pas la faute de ma version, car je la tiens directement de la Comtesse de Maurepas,
Marie Phélippeaux de Saint-Florentin, laquelle est morte en
1791 âgée de 89 ans. (*Note de l'Auteur.*)

CHAPITRE VII.

M. de Maurepas. — Inconvéniens de son caractère. — Mme de Maurepas. — Ses habitudes de langage et d'économie. — Retour de son exil. — L'hôtel de Phélippeaux. — Les modes de la Régence. — Le vieux mobilier. — Les Phélippeaux, c'est-à-dire le Duc de la Vrillière, le Comte de Maurepas, le Comte de Pontchartrain, l'Archevêque de Bourges, et le Marquis d'Herbaut, son frère. — Leurs dettes payées par Mme de Maurepas. — La Comtesse de Beauharnois et sa famille. — Mme de Miramion et les Miramiones. — Mylord Goys et Mlle d'Eon. — Mystification organisée par un ministre. — Le trompeur mystifié. — Les ordres royaux et le respect pour leurs insignes. — Le libelliste Morande. — Une intrigue de Beaumarchais. — Mystification pour un ministre. — L'abbé d'Espagnac et la force du sang. — Plusieurs autres mystifications chez le Duc d'Orléans, chez M. de Tymbrune, etc.

M. de Maurepas ne justifia point du tout la confiance du Roi son maître. Ce vieux ministre de la régence n'avait rien perdu de son ancienne légèreté, et n'avait acquis aucune sorte d'expérience ; il avait seulement augmenté de suffisance et de causticité, et comme il se jugeait absolument nécessaire, il se montra d'une exigence intraitable. J'ai toujours pensé qu'il n'avait guère de religion, mais je crois bien qu'il avait de la bonne foi dans les transactions sociales et de la probité pécuniaire. Il avait d'ailleurs une sorte d'instinct malicieux et d'esprit corrosif, à la manière des Broglie ; et c'était du reste l'incapacité dans l'arrogance, et la fatuité dans la décrépitude.

Comme je ne compte pas vous écrire un *abrégé chronologique* de l'histoire de France, je ne vous détaillerai pas journellement les fautes politiques et les bévues administratives de M. de Maurepas, dont la folle confiance et l'engouement pour M. Necker ont déterminé la révolution française. Je ne compte pas discuter toutes ces grandes questions qui ne sont que du domaine de l'histoire, et qui demanderaient plus de temps et d'étendue que je ne puis leur en accorder : je vous parlerai seulement des choses qui seront à ma connaissance. Quand il est question d'émettre un avis sur un acte politique, tout le monde ne saurait en parler avec les mêmes détails et la même autorité, ce qui fait que mon récit ne s'accordera pas toujours avec les écrivains de mon temps. Quand il est question de juger un premier ministre, chacun a ses motifs d'indulgence ou ses griefs contre lui ; mais vous pensez bien que M. le Duc de Penthièvre et le Baron de Breteuil auront pu me donner des informations plus certaines et plus exactement précises que celles que MM. Grimm et Diderot, par exemple, auront pu recevoir de leurs amis. Ce sont les menus détails qui forment l'ensemble, et nous allons commencer par les petites choses.

Le caractère de Mme de Maurepas, qui était sœur du Duc de la Vrillière, et Phélippeaux de corps et d'esprit, nuisait beaucoup à la considération de son mari par ses lésineries, sa parole acerbe et sa domination revêche. Je l'avais beaucoup vue chez sa belle-sœur et ma bonne amie, Mme de Saint-Florentin ; je connaissais fort bien ses défauts, qui ne me déplaisaient pas trop, parce qu'elle était bien naturelle, et je ne la haïssais pas du tout, parce qu'elle avait un véritable attachement pour moi ; j'avais beau la gronder ou la rebuter, rien n'y faisait.

— *Mon Dieu ! faut-il que j'aye eu du guignon pour aller m'affectionner à une mauvaise comme vous, qui me malmène sans fin ni cesse et sans rime ni raison*, me disait-elle dans son beau langage du temps de la régence, car elle et M. de Richelieu s'étaient perpétués dans cette affectation de vulgarité qui était devenue pour eux une seconde nature. — *Vous criez sus moi parce que j'tracasse, à ce que vous dites, et que j'ruchonne toujoux ; mais quèque vous voudriez*, poursuivait cette drôle de femme en se revêchant, *quèque vous voudriez que j'aurais pris l'habitude de faire à Pontchartrain, quarante années durant par lettres d'cachet, sinon de m'en r'chigner, d'grogner tout le monde et d'ménager pour payer nos dettes avec celles de M. de Pontchartrain, qui fait l'Salomon, de M. de la Vrillière, que Dieu confonde !... et puis celles de l'Archevêque de Bourges, qui fait r'bâtir des châteaux pour son imbécile de frère; et jusqu'à M. le Marquis de Phélippeaux, qui se trouvait avoir des dettes. C'est que j'en ai payé pour onze millions, si vous plaît, tout en lésinant comme vous dites ; et j'avais tout d'même cent treize domestiques à payer et cent dix-sept personnes à nourrir tous les jours ! C'est indigne à vous de jeter le*

pierre à moi, qui vous aime tant! Riez donc, riez donc!...
Vous n'avez ni cœur, ni foye, ni mou, ni rate!

En arrivant dans son vieux palais, nommé l'hôtel de Phélippeaux, rue de Grenelle, après quarante ans d'absence, elle y trouva des meubles un peu fanés, comme vous pouvez croire, et c'était d'autant plus que les contrevens et les volets de toutes les chambres étaient restés ouverts pendant tout ce temps-là. C'était en exécution d'un ordre que M. de Maurepas avait donné en s'en allant, et que la femme de charge avait cru devoir exécuter au pied de la lettre, lequel ordre consistait à tenir les volets ouverts et les persiennes ouvertes, afin que le ministre ne trouvât pas les appartemens humides à son retour de Versailles (où son beau-frère et son cousin-germain, M. le Comte de Saint-Florentin, Duc de la Vrillière, l'attendait avec une lettre de cachet à la main) M. de Maurepas s'y trouva pris au trébuchet et ne songea pas à donner contre-ordre. La femme de charge était morte après avoir donné les mêmes instructions et transmis la même ordonnance à ses enfans qui lui succédèrent, et quand les Maurepas rentrèrent chez eux, il se trouva que toutes les tentures et les meubles qui étaient à portée des fenêtres étaient complètement décolorés, tandis que la dégradation dans les couleurs allait en se ravivant insensiblement jusqu'au fond des chambres. C'était comme un effet d'optique, et rien n'était plus singulier, sinon les reproches que la Comtesse en faisait à son mari, qui riait toujours ces colères de sa femme.

Il est bon de vous dire que dans la grande salle

au nord, il y avait un certain meuble de cent pièces qui n'avait eu rien à souffrir du soleil, mais qui n'en sentait pas moins son ancien temps, car il était composé d'un assemblage de petits morceaux de velours de toutes sortes de couleurs, lesquels étaient coupés en triangles, et se trouvaient encadrés par un cordonnet en fils d'or, qui recouvrait toutes les coutures et qui brochait sur le tout comme une espèce de grillage. Je crois bien que ce meuble était contemporain du Phélippeaux d'Henri III, qui était le grand-père du Chancelier de Pontchartrain, ce qui n'empêchait pas la Comtesse de Maurepas de chercher à s'en défaire, afin d'en acheter un autre à la dernière mode, supposait-elle, et c'est-à-dire à larges raies de velours vert, alternées avec des bandes de tapisserie blanche à petites figures : elle avait cette élégance-là dans l'imagination. — J'y mettrai jusqu'à deux mille pistoles, disait-elle, et voyez la belle somme pour meubler toute une galerie !

— *Vous devriez me rendre un service, et voyez-vous bien cette nouvelle mariée ?* me dit-elle un soir, en me montrant la C^{sse} de Beauharnois qui venait d'arriver dans cette grande salle, — *Vous devriez bien aller vous asseoir à côté d'elle et lui faire entendre qu'elle devrait acheter notre grand meuble d'ici, qui est de cent pièces, pour envoyer dans son château des Roches en Poitou, que son mari va faire remeubler. Dites-lui donc finement que ce serait superbe à la campagne, et faites-lui penser que nous consentirions peut-être à le lui céder, parce que MM. de Beauharnois sont parens des Phélippeaux d'Herbaut, par les Nesmond, a* côté de cette Mme *de Beauharnois de Miramion, qui a fondé les Miramiones ; — Mais dites-moi donc, vous qui savez tout, n'est-elle pas sanctifiée? il me semble qu'elle a été sanctifiée?*.....

— Ma bonne Comtesse, lui répondis-je, c'est à moi que vous venez proposer d'aller faire la revendeuse de vieux meubles, la brocanteuse en friperies, et l'engeôleuse de jeunes femmes, en l'honneur de la Bienheureuse Marie de Miramion ! Est-ce que l'air de Pontchartrain vous a tout-à-fait........

— *Allons*, s'écria-t-elle, *voilà Notre Dame la Princesse à points d'Espagne qui va monter sur son grand cheval de Navarre! Dirait-on pas que ce serait une coquinerie que je lui demanderais? Ah, terrible femme! est-y permis d'être si moqueuse et si chicaneuse ses amis !*

Si j'en parlai quelque temps après à Mme de Beauharnois, ce fut à propos d'une autre combinaison mercantile du Marquis de Beaupréau, son vieux oncle, et nous en rîmes de grand cœur (1).

Pour vous donner une idée de la futilité de ce premier ministre, il suffira de vous dire qu'il organisait, pour se divertir, des mystifications contre sa vieille femme. Il y avait dans la société financière et tout à fait en dehors du monde, un person-

---

(1) Françoise-Marie-Mouschard de Chaban, Comtesse de Beauharnois et des Roches-Baritaut. Je la voyais souvent chez la Comtesse de la Tour d'Auvergne et la Maréchale d'Aubeterre, qui étaient ses cousines-germaines. Depuis l'abolition des titres de noblesse, elle est connue sous le nom de Mme Fanny de Beauharnois. C'est une aimable personne, et j'aurai l'occasion reparler d'elle. (*Note de l'Auteur*, 1797.)

nage appelé M. Goys, qui avait le plus grand talent pour la pantomime grimacière et celui de contrefaire tout le monde en perfection ; il imitait supérieurement bien les Anglais, et les jeunes gens l'appelaient, à cause de cela, Milord Goys. M. de Maurepas voulut s'en donner la récréation, il invita quelques personnes à souper, parmi ses plus intimes ; il eut soin de fermer sa porte à tout le reste du monde, ensuite il alla dire à Mme de Maurepas que la chevalière d'Eon viendrait lui faire une visite avant souper.

— *Je ne veux point d'ça dans mes salons ! C'te virago ! c't' aventurière !...... Est-ce que la tête vous tourne ? Allons donc, fi donc ! voulez-vous bien........ Mais que....... Qu'est-ce que ?....... Mais que ?....... Bou-rou-blou-blou.......*

— Ma foi, Comtesse, lui dit son mari, j'avais cru vous faire plaisir en invitant cette Chevalière pour vous en donner la représentation comme d'une curiosité ; elle était venue me présenter un placet, j'ai cru bien faire, et tout ce que je vous demande est de la traiter avec un air de bonté.....

— *Pour celui-là, j' vous en souhaite ! allez donc faire des politesses à c'te vilaine fille ! et j' vous promets bien que j' vas la recevoir si poliment et si tendrement que vous ne la r'verrez d' la vie chez moi !* et *bou-rou-blou-blou*, toute la soirée.

Quant à bou-rou-blou-blou, je vous dirai que c'était l'onomatopée littérale et la mélodie notée par M. de Pezay, pour imiter les grogneries de Mme de Maurepas, quand elles n'arrivaient pas à bon terme, et quant à M. de Pezay, je vous dirai que c'était un des estimables protégés de M. de Maurepas.

Sa femme alla se mettre à son tresset comme une véritable fée Grognon, et quand son huissier vint amener auprès d'elle et lui nommer Mlle d'Eon, elle ne leva seulement pas la tête. La Chevalière avait approché de cette table en faisant mille révérences et force complimens les plus respectueux pour Madame la Comtesse de Maurepas, qui lui répondit sans la regarder, — *C'est bon, c'est bon, Mam'- selle; allez vous asseoir au coin du feu pour vous sécher les pieds.*

La Chevalière alla s'établir auprès de la cheminée, où tout ce qui se trouvait dans la chambre, à l'exception des trois joueurs de tresset, s'était rassemblé pour écouter les plus sauvages et les plus étonnantes choses du monde qu'elle y débitait avec une hardiesse inconcevable. La Comtesse faisait semblant de ne rien entendre, et quand on venait lui en rapporter quelque chose, elle y répondait paisiblement — *Je ne vois pas dans tout ça le mot pour rire, et je ne comprends rien à M. de Maurepas qui a l'air de s'en amuser?*

Quand la demoiselle eut tout-à-fait désespéré de se faire écouter par la dame du logis, elle se mit à crier comme une louve, en disant mille sottises, et notamment qu'elle était saisie d'une colique abominable et qu'elle allait sûrement faire une *fausse couche* avant de pouvoir sortir du salon. Elle ajouta comme en pleurant, qu'elle était grosse de cinq à six mois, sans pouvoir dire si c'était du fait de Mgr le Duc de la Vrillière ou de M. de Phé-

lippeaux, l'Archevêque, parce qu'elle ignorait lequel des deux? C'était, disait-elle, à ce propos-là qu'elle était venue présenter à M. de Maurepas une requête contre ses deux parens, qui l'avaient séduite et déshonorée! Enfin elle se mit à protester que son accident proviendrait certainement de son affliction, pour se voir aussi mal accueillie par Mme de Maurepas ; ce qui l'avait tellement humiliée, blessée et désespérée qu'elle en mourrait de chagrin! —
— Ayez pitié de ma situation!.... s'écria-t-elle en se traînant à genoux sur le tapis.

Mme de Maurepas posa froidement ses cartes, et chacun fut bien étonné du beau sang-froid avec lequel elle se mit à dire à cette chevalière agenouillée,
— *Monsieur d'Eon, mam'selle d'Eon, ou plutôt monsieur ou milord je ne sais plus comment, si j'étais que de Monsieur le Comte de Maurepas, je vous ferais mettre à la porte à cause de votre insolence, et surtout pour avoir osé parler comme vous l'avez fait devant nous, de M. l'Archevêque de Bourges, notre neveu! — Je n'ai jamais été,* dit-elle aigrement et précipitamment à son mari, *je n'ai jamais été si malicieuse et si ricaneuse, mais j'ai toujours été plus fine que vous, grand ridiculiseux d'co d'indes! — Si vous laissez continuer cette vilainie, je vas m'en aller me coucher sans souper!*

M. de Maurepas s'en tenait les côtes à force de rire, et du reste, M. de Maurepas riait toujours de tout ce qui pouvait arriver. Singulière infirmité pour un premier ministre et pour un octogénaire!

M. Goys s'esquiva précipitamment; le ministre fit rouvrir sa porte, et toute la cour arriva pour se ranger, comme à l'ordinaire, autour du tresset de

Mme de Maurepas, dans sa grande salle à deux cheminées, et sur les cent pièces de son meuble en arlequin. Vous pensez bien qu'il ne fut pas plus question de Milord Goys que de sa tentative en mystification, sur laquelle il avait toujours été convenu de garder le silence. Ce fut Mme de Maurepas qui m'en fit le récit un ou deux jours après, en me disant que ce qui l'avait empêchée de s'y laisser tromper, c'est qu'elle avait remarqué du coin de l'œil que cette prétendue chevalière d'Eon ne portait pas la croix de Saint-Louis, ce qui l'avait éclairée suffisamment. — *J'ai tout d' suite pensé qu'on n'avait pas voulu compromettre une croix qui est sous le vocable d'un Saint (et qui est la croix d'un ordre royal), sur un farceur et pour attraper l' monde, ce qui serait une abominable prostitution que M. de Maurepas n'aurait pas voulu souffrir chez lui.*

— Mais je le crois bien, répliquai-je, il est Chancelier des ordres et Ministre du Roi ! N'est-ce pas lui qui a fait mettre le comédien Brizard en prison, parce qu'il avait profané la croix de St-Michel en l'appliquant sur sa poitrine en plein théâtre ?

— *Mais à propos d' croix*, me dit-elle, *est-ce que votre oncle le Bailly n'a pas encore gagné son procès contre les comédiens qui s' déguis' en Chevaliers de Malte ?*

— Si fait, si fait, répondis-je ; il a poursuivi cette affaire au nom de son ordre, et le Maréchal de Richelieu nous a bien promis que, si les acteurs du Théâtre-Français s'avisent d'arborer la croix de Malte, ils peuvent être assurés d'aller coucher au Fort-l'Évêque.

— *Oh tant mieux ! tant mieux !* reprit-elle ; *on n'a jamais vu des incongruités ni des scandales comme sur les théâtres de ce temps-ci* (1).

Un libelliste appelé Morande avait fait contre M. de Maurepas une œuvre de son métier ; ce premier ministre en fut averti par le sieur Caron de Beaumarchais, qu'il envoya courir après le pamphlet et son auteur, par toute la Hollande et l'Angleterre. On eut le bonheur de pouvoir atteindre Morande et celui de pouvoir acquérir son manuscrit pour la somme de 48 mille livres. On fit constituer quatre mille livres de pension sur le trésor au profit dudit Morande, et M. de Beaumarchais (qui n'a pas toujours été bien riche) en gagna six mille écus pour sa peine et les autres frais de sa négociation. Ce prétendu libelle était un tissu de niaiseries les plus insipides. C'est une mystification qui doit compter parmi toutes celles que ce Beaumarchais a fait subir à M. de Maurepas dont il était un des confidens les plus favorisés.

C'était le beau temps des mystifications, et l'on n'entendait parler d'autre chose. M. Dejean mystifiait toute sa famille en dictant de son lit un testament en sa faveur, comme s'il avait été son oncle moribond, M. Chalut. Ceci pensa finir par le tabouret et la marque, pour M. Dejean.

M. de Vergennes et M. de Castries furent mystifiés par Mme de Lamothe qui préludait ainsi à tou-

---

(1) Louis-Gabriel de Froulay, Grand Croix, Grand-Bailly et Général des galères de Malte, était alors Ambassadeur de la Religion près la cour de France. (*Note de l'Auteur.*)

tes ses intrigues pour le vol du fameux collier, et qui recueillit plus de vingt mille écus de la crédulité de ces deux ministres. On verra que, s'il n'en fut pas fait mention dans le procès du collier, ce fut par excès d'égard et de complaisance pour ces bons messieurs.

M. le Duc d'Orléans venait de mystifier M. Quatremère (au Palais-Royal), en l'y faisant recevoir *Chevalier du Bain* par un Duc de Cumberland qui n'était autre chose que M. Goys. Ceci manqua devenir très sérieux, parce qu'on avait fait prendre un bain froid à ce vieux académicien, ce qui lui fit avoir une fluxion de poitrine au mois de décembre. Toute la ville était révoltée d'une pareille marque d'inconsidération pour une personne et pour une famille aussi notables dans la plus ancienne et la plus haute bourgeoisie de Paris! M. de Maurepas ne sut trouver nulle autre chose à faire que d'envoyer à ce pauvre mystifié le cordon noir de M. de Buffon qui venait de mourir, et ce fut en y joignant des paroles extrêmement aimables de la part du Roi, avec prière d'excuser son cousin d'Orléans et ses familiers, pour la *légèreté* de leur conduite. C'était l'*inhumanité*, l'*indignité* qu'il fallait dire! On ne saurait excuser l'insolent dévergondage et la barbarie de ces dissolus à l'égard d'un vénérable homme à qui son âge avancé ne laissait plus ses facultés de jugement et de présence d'esprit.

A propos de cette maladie des mystifications, qui avait tous les caractères d'une épidémie, je vous dirai que l'Abbé d'Espagnac (celui qui s'était révolté contre M. de Meillan) avait fait un traité sur *la force du sang dans les familles.* C'était un ennuyeux livre, et son auteur était d'une cupidité si sordide et si dénaturée, qu'il avait vendu les papiers de famille de ses neveux, dont il était tuteur, à un nouvel enrichi qui s'appelait Despanat.

M. de Tymbrune avait envoyé prier l'Abbé d'Espagnac à souper chez lui, dans une petite maison qu'il avait auprès de l'École militaire, et c'était un lieu que je ne saurais qualifier. Quand les hommes les moins sévères et les jeunes gens les moins timorés en parlaient devant nous, c'était en échangeant entre eux des regards de mépris, et l'on a dit qu'il s'y passait des choses analogues aux réunions philosophiques d'Ermenonville.

La compagnie ne se composait pour ce jour-là que de M. le Duc d'Orléans, de Milord Hamilton, de MM. de Saisseval, de Boisgeslin, de Sillery, du Crest, de la Touche-Tréville, et de mon neveu de Lauzun, qui nous raconta les nouvelles de la soirée.

L'Abbé commença par demander le nom d'un vieux seigneur étranger qu'il ne connaissait pas, et qui se tenait tristement assis au coin de la cheminée? On lui dit que c'était le Duc d'Hamilton, Premier Pair d'Écosse et Chevalier de l'ordre du Chardon. Il demanda curieusement s'il était riche? et Lauzun lui répondit : — D'où venez-vous donc pour ne pas savoir qu'il est plus riche que le Roi d'Angleterre? Ensuite il se mit à lui parler d'autre chose, mais le Duc d'Orléans vint le reprendre en sous-œuvre, en disant que ce misérable Hamilton n'avait aucune idée philosophique, que c'était une pauvre tête, et qu'il voulait absolument se laisser mourir de chagrin

parce qu'il avait perdu sa femme et tous ses enfans.
— Ah! la douceur et la force des liens du sang.....
s'écria l'Abbé. — Mais, Monseigneur en parle bien
à son aise, interrompit le Marquis de Boisgeslin, et
s'il était dans la même position que ce malheureux
Anglais... — Mais comment peut-il être si malheureux, avec une si grande fortune, interrompit le
d'Espagnac? — Mon Dieu, Monsieur, lui répondit l'autre avec un air de reproche et de surprise,
comment pouvez-vous parler de la sorte, après tout
ce que vous avez écrit sur *la force du sang !* — Mais
enfin..... — Laissez donc! — Mais encore..... —
Allons donc, vous dis-je; allons donc, Monsieur
l'Abbé; comment pouvez-vous être étonné qu'on ait
du chagrin quand on a... — Mais de quelle espèce,
et qu'est-ce qu'il a donc? — Il a, morbleu! il a que
tous ses *liens du sang* ont été rompus! qu'il est resté
le dernier de toute sa famille, qu'il n'a conservé
aucun parent de son nom, et que les fils de sa sœur
unique, qui devraient être ses héritiers, sont deux
scélérats!..... que voulez-vous qu'il fasse de son
immense fortune? Est-ce que vous voulez qu'il s'a-
muse à bâtir des églises?

L'Abbé s'éloigna sans dire une parole, en se retournant du côté du vieux richard, et s'en approchant par une suite de circonvolutions prudentes,
avec un air affriandé comme un gros reptile; mais
l'Anglais, qui était absorbé dans son profond chagrin, ne lui donna pas signe de vie, et l'on aurait
dit une cruche de terre au coin du feu; il avait une
inconcevable figure, à ce que nous dit Lauzun.

Pendant que l'Abbé procédait en silence à son

opération de magnétisme ou d'incantation, un des compagnons se mit à crier : — M. d'Espagnac, Monseigneur voudrait vous parler, M. d'Espagnac!... M. d'Espagnac!.... et le vieux milord avait bondi sur son siége aussitôt qu'il avait entendu proférer ce nom-là. L'Abbé fut obligé de s'éloigner du Duc d'Hamilton, bien à contre-cœur, et l'on s'arrangea de manière à l'empêcher de retourner auprès de la cheminée jusqu'au moment du souper.

On avait placé M. d'Espagnac en face du seigneur écossais qui ne mangea point et qui ne cessa d'attacher sur lui deux gros yeux fixes, persévérans et profondément scrutateurs. Il en résulta d'abord de la surprise, et puis de l'embarras, de la contrainte et de la gêne avec un profond silence, en dépit des efforts que M. de Tymbrune avait l'air de faire pour égayer ses convives et pour alimenter la conversation.

— Le Duc d'Orléans buvait et mangeait sans parler, en regardant toute la compagnie d'un œil offensé, de ses yeux qu'il avait obliques, éteints et lâchement courroucés ; car le regard de ce d'Orléans était une horrible chose (1) ! — Il est impossible d'y tenir, murmura-t-il au bout d'une heure, et je n'entends rien à ce diable de souper que nous faisons.....

Le Duc d'Hamilton se mit alors à tousser pour se dégourdir les organes de la parole ; ensuite il se mit

---

(1) C'était Louis-Philippe Égalité, 1er du nom ; tout le monde a pu remarquer que le regard de M. son fils est le miroir de sa belle âme et de la franchise de son caractère.

(*Note de l'Auteur*, 1797.)

à parler en anglais mêlé d'un certain dialecte écossais, que M. le Duc d'Orléans comprenait aisément, comme vous pouvez croire, et dont M. de Boisgelin, qui savait tout, fut chargé de faire la traduction pour le reste de la société.

— « Milord désire savoir si Monsieur l'Abbé d'Es-
« pagnac est de la même famille que Madame la
« Baronne d'Espagnac qui se trouvait à Strasbourg
« pendant l'hiver de l'année 1744 à 1745. »

— Mais c'était ma mère, ma propre mère!...

— « Milord oserait-il se flatter, peut-il espérer
« que Madame d'Espagnac aura bien voulu parler
« à Monsieur son fils d'un gentilhomme anglais qui
« s'appelait alors Sir Arthur Scott?... »

— Ah! je ne saurais..... Mais effectivement, je crois me souvenir..... Mais oui, oui vraiment! maman m'a parlé de Milord Artusco; je me rappelle très bien ce nom-là, et même elle m'a toujours parlé de Milord Artusco dans les termes les plus... Enfin je me souviens très bien qu'elle m'a parlé très souvent de Milord Artusco...

— « Milord-Duc d'Hamilton, autrefois Sir Arthur
« Scott, demande à savoir, au sujet de Monsieur
« l'Abbé d'Espagnac, une chose de la plus haute
« importance! il espère, il conjure, il supplie Mon-
« sieur l'Abbé de vouloir bien répondre avec fran-
« chise, en conscience, ingénuement et loyalement
« à cette question-ci, — QUEL AGE AVEZ-VOUS? »

— J'ai quarante-quatre ans..., répondit M. d'Espagnac avec une émotion toujours croissante, en appuyant la main sur son noble cœur afin d'en comprimer les palpitations, et en fixant deux yeux

9

attendris sur un gentilhomme anglais qui avait connu sa mère en 1744.....

— « Monsieur l'Abbé d'Espagnac ne ferait-il aucune difficulté pour en donner sa parole d'honneur, en présence de son Altesse Sérénissime? »

« Je la donne, je vous la donne, Milord! j'ai quarante-quatre ans! quarante-quatre ans!... »

Et voilà l'Anglais qui se met à crier. — O vô été « véritabelmente lé filz et l'héritiere dé moa que « vos aurée toute mon fortune!!!!! » Et les voilà qui se précipitent dans les bras l'un de l'autre et qui se mettent à se reconnaître, à s'embrasser et se pâmer d'attendrissement. — Ah! *la force du sang!....* disait l'Abbé d'Espagnac; — ce que c'est que la force du sang!..... Nous ne nous étions pourtant jamais vus; voyez quelle émotion j'éprouve!..... Allez, Messieurs, il n'y a de sentimens vrais que les sentimens naturels; je ne veux plus reconnaître et je ne connais plus que les sentimens naturels et vrais, les sentimens vrais et naturels manifestés par la force et par la voie du sang!..... Ah! quel coup du ciel! Je ne m'en doutais guère..... Je ne me serais guère douté ce matin que cet excellent, ce vénérable Milord Artusco, qui était l'ami de ma mère..... et qui certainement....; et encore qu'il aurait eu le malheur d'avoir perdu toute sa famille, excepté ces deux scélérats!.....

L'Abbé d'Espagnac finit par en tomber en syncope; on fut obligé de l'inonder d'eau froide, et quand il eut repris connaissance, il apprit avec un peu de contrariété que M. son père était allé se coucher dans un hôtel garni, où il donnait rendez-vous à son fils naturel pour le lendemain matin. M. du Crest lui remit une petite boîte que ce Milord avait par hasard dans une de ses poches, et qu'il avait laissée pour ce cher Abbé, comme *avancement d'hoirie*, car il avait dit à ces Messieurs qu'elle était pleine de diamans. Ce d'Espagnac avait bonne envie de forcer le coffret dont la petite clef n'était pas à la serrure ; mais on lui fit des reproches ou des observations qui le décidèrent à prendre patience, et M. du Crest le ramena chez lui dans un trouble et dans un délire de joie qu'on ne saurait exprimer. — Vous savez que c'est pour déjeuner qu'il vous attend : n'oubliez pas de vous y trouver avant dix heures, et n'oubliez pas aussi de lui faire ouvrir l'écrin.....

Il se fit annoncer le lendemain, passé midi, chez M. le Duc d'Orléans qui le fit attendre pendant deux heures et qui sortit malhonnêtement par une autre porte, ainsi qu'il avait coutume de le faire. L'Abbé d'Espagnac alla successivement chez tous ces autres Messieurs qu'il ne put réussir à trouver chez eux pendant plus de trois semaines ; enfin il eut le bonheur de rencontrer le Duc de Lauzun qui se promenait au Cours-la-Reine avec votre père.—Est-il possible, lui dit-il, que je n'aie pas encore pu vous rencontrer et que vous n'ayez voulu répondre à aucune de mes lettres !... Il paraît que M. du Crest n'avait pas bien retenu l'adresse de Milord Hamilton ; car on ne le connaît point du tout dans cette maison de la rue du Colombier qu'il m'avait indiquée. — A propos, savez-vous ce qu'il y avait dans cette petite boîte ?

— Mais des pierreries, je suppose, et tout au moins des perles.

— Pas du tout ; c'étaient des pilules de rhubarbe avec du soufre : elles avaient une odeur infernale.

— Je vous dirai sérieusement, répondit M. de Lauzun, que je n'en suis pas surpris. Je vous conseille de ne plus vous occuper de cet homme là ; c'était un imposteur. On n'a jamais pu savoir ce qu'il est devenu.

CHAPITRE VIII.

L'Ile St.-Louis — L'ancien hôtel de Mesmes, aujourd'hui l'hôtel Lambert. — La Présidente de Mesmes. — Mlle de Thou et Mme Brisson. — La Famille le Boulanger. — Origine de ce surnom. — MM. de Nicolaï. — L'abbé de Pomponne. — La Société du Parlement et la Société du Châtelet. — Ridicule de cette dernière coterie. — M. Lenoir et Mme Leblanc. — La famille Daine. — Le régiment des gardes avec un Monsieur du Châtelet, en coq-à-l'âne. — Les financiers ridicules. — Beaujon, Bouret, Pâris, etc.— Sentiment de l'auteur sur Mme de la Poupelinière et Mme d'Epinay. — Mme de la Reynière. — Son portrait par Mme de Genlis. — Anecdotes.

Il faut, mon Enfant, que je vous conduise dans un quartier de Paris que vous ne connaissez pas encore. Allez faire attacher votre écharpe; nous allons remonter les quais jusqu'au couvent des Miramiones, et nous allons entrer chez la veuve d'un de mes amis, à l'heure de ses visites. Voyez la belle maison pour être à la pointe de l'île Saint-Louis; la première porte-cochère en face de soi quand on arrive d'Auxerre (par le coche.) Un large escalier tout en marbre de Languedoc, et dont la coupole est peinte en camayeux par le célèbre Devitt. Une enfilade de quatre grands salons, sans compter la galerie, la vaste bibliothèque et la belle chapelle (1). Voyez les plafonds de Lebrun et les tableaux de Lesueur, avec les portraits de Mignard et les curieuses tapisseries à grands personnages ; voyez donc ces immenses rideaux et ces hautes portières en velours amaranthe, avec leurs rebrasses en forme d'épitoges et de larges bordures d'hermine, en place de crépines et autres superfluations (style de palais), car il faut vous dire que les étoffes brochées et les franges d'or ne seraient pas de costume ici. Vous êtes chez un magistrat de l'ancien temps, dans un logis noblement austère, et la vieille Dame auprès de qui je vous amène, est la veuve du Premier Président de Mesmes, Elizabeth de Harlay. Elle est bien et duement Comtesse douairière d'Avaux et de Beaumont-le-Roger, Marquise de St-Etienne-en-Forez et Vicomtesse de Neufchâtel-en-Vexin ; mais il en est céans pour les titres féodaux comme pour les tissus brillans et les franges d'or ; on les possède en nature et sans affiche ; on garde les uns dans ses archives, et la valeur des autres est dans le coffre-fort. Remarquez bien cette vieille cousine de la Présidente, dont l'air est si bienséant et si digne, c'est Mademoiselle de Thou, la dernière de cette illustre famille. Cette jolie personne à l'air dévot et modeste, s'appelle Madame Brisson, c'est un nom vénérablement historique, et pour qui j'éprouve

(1) Ce magnifique hôtel avait été bâti pour le célèbre Claude de Mesmes, Comte d'Avaux, négociateur de la paix générale de Westphalie, en 1642. Il a été dévolu par héritage à la famille Lambert d'Herbigny, dont il a pris le nom d'hôtel Lambert qu'il porte aujourd'hui. *(Note de l'Auteur.)*

une telle considération, que j'adresse toujours quelques mots d'excuse à cette jeune femme avant de me laisser placer au dessus d'elle (1). Voici M. le Président le Boulanger, lequel est beaucoup plus fier de ce surnom populaire que de son vieux nom seigneurial de Montigny (2). Voilà M. Potier de Novion, de la même famille que les Ducs de Gèvres, et simple conseiller à la cour des aides. Ce petit jeune homme à l'air si chétif et la mine si grave, est M. de Nicolaï, Premier Président de la chambre des comptes; il a déjà quatorze enfans, et ce qui ne vous surprendra pas moins, c'est que le frère cadet de son père est Maréchal de France ! Quant à ce grand Abbé si sec et si droit, à qui vous voyez

(1) Voltaire avait omis de parler, dans la Henriade, de ces vertueux magistrats qui furent suppliciés en 1591, et notamment de Barnabé Brisson ; ce qui tenait fort à cœur au vieux Baron de Breteuil, dont ce Premier Président était l'ancêtre maternel. Mme du Châtelet, fille de M. de Breteuil, en parla vraisemblablement dans les mêmes termes, et Voltaire introduisit dans son poëme les quatre vers suivants :

« Vous n'êtes point flétris par ce honteux trépas,
« Mânes trop généreux ! vous n'en rougissez pas ;
« Vos noms toujours fameux vivront dans la mémoire,
« Et qui meurt pour son roi, meurt toujours avec gloire ! »

(2) Il est assez connu que Raoul de Montigny, Seigneur d'Hacqueville et capitaine des gardes du Roi Charles VII, avait nourri les malheureux Parisiens pendant l'hiver et la famine de 1459; il avait engagé toutes ses terres afin d'envoyer acheter des grains en Flandre. Le Roi l'en récompensa par la dignité de Grand-Pannetier de France, et le peuple de Paris par le surnom du *Boulanger*, que l'aîné de la famille de Montigny a toujours porté depuis ce temps-là. (*Note de l'Auteur.*)

l'ordre du Saint-Esprit qu'il tient de Louis XIV, savez-vous bien que votre grand'-mère de Sévigné parle de lui? Il est âgé de quatre-vingt-dix-huit ans, c'est le dernier de la famille Arnauld, et tout janséniste qu'il est, regardez-le avec une sorte de considération; c'est le fils du Marquis de Pomponne. Je vous présente à la Comtesse de Fénelon qui se tient dans l'île Saint-Louis parce qu'elle est habituée de cette paroisse, et qu'elle est née Lefèvre d'Ormesson (de la famille de St.-François de Paule); c'est la seule personne de ce quartier-ci que vous puissiez rencontrer au château de Versailles (1).

Je vous dirai présentement qu'il y a dans ce même quartier, ou plutôt cette petite ville, deux sociétés assez disparates et tout-à-fait distinctes : l'une est celle du *Parlement*, composée de quelques familles indigènes et glorieusement insulaires, qui n'ont pas encore voulu céder à la folle exigence et la tyrannie de la mode, en allant s'établir dans le Marais, tandis que l'autre coterie dite du *Châtelet*, est une agrégation de citadins exotiques et fraîchement implantés sur ce fortuné rivage à l'orient de Paris. Quelle orgueilleuse ambition !

Il paraît que le défaut d'usage du monde et la prétention magistrale des petits procéduriers du

---

(1) Marie-Françoise-de-Paule Lefèvre d'Ormesson d'Amboile, veuve de Gabriel-Henry, Marquise de Salignac, Comte de la Motte-Fénelon, Chevalier des Ordres du Roi, Lieutenant-Général des armées, son ancien Ambassadeur auprès de LL. HH. PP., et Conseiller d'État d'épée, lequel était mort en 1746, étant veuf en premières noces de Louise Lepelletier de Morfontaine.

(*Note de l'Auteur.*)

Châtelet les rend insupportables à ces hauts-justiciers du Parlement, qui ne les reçoivent jamais chez eux et qui ne manquent jamais de les tenir à distance. Il en résulte que je ne pourrai vous parler de la société du Châtelet que sur la foi d'autrui.

C'est la charmante et opulente madame Leblanc qui est la *merveilleuse* de cette coterie. — Elle se fait coiffer par Léonard. — Imaginez qu'elle a fait faire un *pouf* par mademoiselle Bertin ! On assure qu'elle change de souliers deux fois par jour?.... On parle sans relâche et l'on parlera long-temps dans l'île St.-Louis de l'élégance et de la prodigalité de madame Leblanc (1) !

C'est M. Lenoir, Procureur du Roi en son Châtelet de Paris, qui est *la coqueluche* de toutes les dames du Châtelet, et particulièrement de madame Leblanc. On pourra vous dire, assez méchamment, qu'ils ont été soupçonnés d'être allés ensemble au bal de l'Opéra,... mais on ne manquera pas d'a-

---

(1) Mathurine-Aglaé Bouterone, mariée en 1764 à Denys-Jacques Leblanc, Écuyer, Seigneur du Porcheron et de la Maison-Riche des Porcherons-lez-Paris, Conseiller au Châtelet, et depuis Greffier de la Cour des monnayes. C'est cette même famille des Leblanc qui avait été annoblie cinq fois depuis le règne de Philippe-Auguste, et toujours par l'échevinage de Paris; mais à l'exemple des Quatremère et de tant d'autres, ils ont toujours refusé d'accepter leurs lettres de noblesse jusqu'à ce qu'ils aient eu le moyen de quitter leur commerce pour vivre noblement. Mme Leblanc était prisonnière au Luxembourg en 1793, et son acte d'écrou disait que c'était pour avoir complotté de faire assassiner Danton, de connivence avec M. le Comte d'Artois. Elle ne mangeait autre chose que des raisins secs, et ne buvait que de l'eau sucrée. (*Note de l'Auteur.*)

jouter finement et de vous répéter, pour la cent-millième fois, que ce ne peut être un sujet de scandale, attendu que monsieur *Lenoir* et madme *Leblanc* ne sauraient faire que des *œuvres pies*.

Il y a grand nombre de noms plébéiens qui peuvent prêter au ridicule, et s'ils ne paraissent que dans la bourgeoisie, c'est que la nouvelle noblesse y met bon ordre ; témoin de cette curieuse manœuvre de MM. de Coigny, pour opérer la transformation de leur nom de *Guillot* en celui de *Franquelot*; ce qui fut un joli tour de force ! Je me souviendrai toujours d'un bon maître des requêtes appelé M. Daine (intendant de la généralité de Tours, en 1777), lequel avait pour frères un gros chanoine de la Sainte-Chapelle qui se nommait nécessairement l'Abbé Daine, avec un génovefain jovial et bon compagnon, qu'il était impossible de ne pas appeler Dom Daine.

Il y avait déjà deux ou trois mois que le Duc du Châtelet, mon neveu, était colonel des gardes françaises, lorsque le bruit se répandit dans la société de madame Leblanc que le Roi venait d'appeler au commandement de son régiment des gardes, un monsieur du Châtelet. — Grande surprise ! — On se demande quel peut être ce magistrat si favorisé ? — On suppose, on discute, on calcule, on fait observer..... on croit se rappeler effectivement..... Enfin, on finit par décider (à l'unanimité), que ce *monsieur du Châtelet* ne pouvait être que M. Lenoir, le Procureur du Roi (1).

(1) Henry-Germain Lenoir, Chevalier, Seigneur de Bacque-

En quittant le quartier de ces honnêtes gens, nous allons traverser celui des gens de finance au pas de course, à raison du mauvais air, et pour ne pas nous arrêter en mauvaise compagnie. Je ne voudrais pas faire monter mon petit-fils chez Mᵐᵉ la Poupelinière, et je n'oserais pas non plus vous faire entrer chez Mᵐᵉ Lalive d'Épinay. Le vieux Beaujon, qui vient d'acheter l'hôtel de Pompadour, est au-dessous d'une épigramme ; il est si ras-terre et si platement bénêt, que personne n'a le courage de s'en moquer ; ce serait grêler sur le persil. Les frères Bouret n'ont pas non plus assez d'importance

ville, etc. Il ne faut pas le confondre avec son cousin le Lieutenant-Général de police (Jean-Charles-Pierre Lenoir), à qui la ville de Paris à tant de grâces à rendre pour une administration qui lui mérita l'affection générale ainsi qu'une réputation européenne. J'ai su qu'il repoussait toujours les révélations des domestiques, en disant que ce serait chose contraire à la probité. Il apprenait sans corrompre et ne parlait jamais de rien, sinon pour avertir les chefs de famille ou pour admonester les délinquans. Je vous puis dire qu'il a préservé l'honneur et sauvé la fortune de bien des familles. C'est à lui qu'on doit l'établissement de la Halle au Blé, le pavage et l'éclairage des faubourgs, l'institution du Mont-de-Piété, la suppression des vaisseaux de cuivre pour les laitières, et la destruction du cimetière des Innocens qui se trouvait au milieu de Paris. Il était l'ami de la noblesse et le père du peuple ; enfin c'était le magistrat par excellence, et pourtant les jacobins l'ont épargné : sitôt qu'il y avait de l'émotion dans Paris, les sans-culottes de son district envoyaient une sauve-garde à la porte de sa maison, rue de Vendôme, au Marais. *(Note de l'Auteur.)*

M. Lenoir était né en 1732. Il est mort en 1807, le même jour que le Baron de Breteuil, lequel était précisément du même âge que lui. *(Note de l'Editeur.)*

ou de réputation pour qu'on leur fasse la grâce de s'occuper d'eux et l'honneur de les citer pour le ridicule. Enfin, le dernier des Páris, l'honnête et généreux Duverney, n'est plus de ce monde, et c'était le seul fermier-général qui ne me parût pas déplacé dans un salon. Reste donc la maison de Mme de la Reynière, où je ne vas jamais, quoiqu'elle m'ait fait assurer que la famille de son père était alliée de la mienne. Au reste, il est à considérer que Mme de la Reynière est un personnage à part dans la finance : et si l'on en croit son oncle M. l'Évêque d'Orléans, c'est un phénomène et comme une perle dans un tas d'huîtres. La Comtesse de Genlis en a fait un portrait si fidèle et si naturellement vrai, qu'au lieu d'y trouver un encouragement d'émulation, j'en perdrais courage; elle en avait retranché quelques-uns des traits les plus saillans en le faisant insérer dans un de ses premiers ouvrages; mais voici ce portrait de Mme de la Reynière, ainsi qu'il avait été composé du premier jet, en 1769, et comme je le tiens de Mme de Genlis (aujourd'hui Marquise de Sillery).

« Olympe est une grande personne sans beauté, sans
« grâce et sans agrément d'aucun genre. Elle a tout
« juste assez de bonté pour ne pas être appelée mé-
« chante, et assez de jugement pour ne pas faire de sot-
« tises irréparables. La fortune immense qu'elle possède
« n'a pu la consoler encore du chagrin de n'être que la
« femme d'un financier ; n'ayant point assez d'esprit et
« de dignité dans le caractère pour surmonter une pa-
« reille faiblesse, elle en souffre d'autant plus qu'elle

« ne voit absolument que des gens de la cour, dont la
« conversation lui rappelle assidument ce grand mal-
« heur dont elle gémit en secret. On ne parle jamais du
« Roi, de la Reine, de MESDAMES, d'une présentation
« à Versailles et d'un *grand-habit*, qu'elle n'en éprouve
« des angoisses intérieures si violentes, qu'elle ne peut
« souvent les dissimuler qu'en changeant de conver-
« sation. Elle a, d'ailleurs, pour dédommagement, toute
« la consistance ou la considération que peuvent donner
« beaucoup de faste, une superbe maison, un excellent
« souper, de brillans équipages et des loges à tous les
« spectacles. Au reste, elle n'aime rien, s'ennuie de
« tout, ne juge jamais que d'après l'opinion d'un autre :
« et joint à tous ces travers de grandes prétentions à
« l'esprit, beaucoup d'humeur et de caprices, et néan-
« moins une extrême insipidité. Quoique fort orgueilleuse
« d'être une fille de condition, et quoiqu'elle ait fini par
« se persuader qu'elle était fille de qualité, elle ne mon-
« tre pas les moindres égards pour son père, parce qu'il
« a quitté le service et le monde, et qu'elle n'en attend
« plus rien. Elle aime infiniment celui de ses oncles qui
« remplit un ministère de confiance à Versailles, où la
« feuille des bénéfices se trouve confiée à la sagesse de ce
« prélat, ce qu'on aurait de la peine à s'expliquer rai-
« sonnablement. Elle ne s'occupe jamais et n'aime pas
« du tout Mme de Senneville sa sœur, qu'elle ne regarde
« que comme une provinciale. Allez donc lui rappeler
« qu'elle a une sœur religieuse et que vous êtes chargé
« de lui demander un entretien à ce sujet-là. Olympe
« vous fera dire qu'elle est chez elle tous les matins; on
« vous fera traverser une longue et superbe enfilade de
« pièces dorées, au bout de laquelle est un charmant
« petit cabinet; vous y trouverez Olympe nonchalamment
« assise sur un canapé, et lisant plus nonchalamment
« encore une brochure nouvelle qu'elle ne prend, j'ima-

« gine, que lorsqu'elle entend un carosse entrer dans sa
« cour. Elle avancera vers vous avec un air de bienveil-
« lance exagérée : vous connaissez ce sourire forcé et
« cette fausse douceur que la politesse imprime sur
« quelques visages. Au seul nom de sa sœur, Olympe
« quittera subitement cette expression factice, et la
« froideur avec l'embarras auront obscurci sa physio-
« nomie d'une manière aussi prompte que marquée. Ce
« que vous avez à lui demander, c'est qu'elle donne asile
« à cette bonne religieuse dont le monastère est interdit
« par suite de quelque dissension théologique entre la
« Supérieure et son Évêque. Olympe vous répondra
« *qu'elle connaissait bien peu ses deux sœurs, qu'elle*
« *en a été fort négligée; mais qu'elle n'en conserve pas*
« *moins le désir de pouvoir leur être utile ; cependant*
« *qu'il lui paraît infiniment difficile de garder chez*
« *elle une religieuse, et que, d'ailleurs, elle n'imagine*
« *pas où elle pourrait la loger...* Si vous prenez la li-
« berté de lui faire observer que sa maison paraît assez
« grande pour y pouvoir placer une personne qui, de-
« puis dix ans, se contente d'une cellule, Olympe vous
« répondra sèchement : — *Madame, je dois loger ma*
« *sœur convenablement, ou ne point la loger du tout.*
« Elle aura pensé que cette réponse était si noble et si
« spirituelle, qu'elle en prendra, n'en doutez pas, un
« air de satisfaction capable de vous ôter le peu d'estime
« et de patience qui aurait pu vous rester. »

Je vous ai déjà parlé de M. Grimod de la Reynière à propos de sa gourmandise et du bon
exemple qu'il donnait à M. son fils; il me reste à
vous dire un mot sur la frayeur qu'il avait du tonnerre. Aussitôt que le ciel annonçait un orage, il
allait s'enfermer dans une grande et belle cave

qu'il avait fait construire sous la terrasse de son hôtel (1), et dont il avait fait revêtir en damas le plus épais, toutes les parois, la voûte et les pavés; c'était pour s'isoler de l'électricité, supposait ce brave homme, car c'était un préjugé dont la mort de M. de Quintin qui fut pulvérisé dans son lit de soie, n'avait pu guérir certaines gens. Ce lieu de refuge n'avait qu'une seule ouverture sur les Champs-Élysées ; mais, pour en détourner la foudre, on la fermait hermétiquement au moyen d'un matelas d'étoupe imbibée d'huile; M. de la Reynière s'y faisait toujours accompagner par trois ou quatre vigoureux garçons qui se relayaient pour battre du tambour ; j'ajouterai qu'il y buvait de l'eau d'orge, et tout sera dit. Je n'ai pas le courage de vous reparler de son fils (2).

(1) Cette belle maison de M. de la Reynière est à l'angle de la rue des Champs-Élysées et de la place Louis XV, et la grande salle voûtée dont parle l'auteur, est un café souterrain qui s'ouvre sur les Champs-Élysées, à droite du pavillon Perronet.

(2) M. de la Reynière, à qui l'auteur ne rend pas justice et à qui l'éditeur de cet ouvrage a l'honneur d'offrir l'assurance de sa considération, existe encore en disposition de grand appétit, et grâce à l'usage de la médecine du Dr Leroy, en état de santé parfaite. Il a publié, depuis la mort de Mme de Créquy, son *Almanach des Gourmands* et ses *Légitimations gastronomiques*, opéra culinaire en trois actes. (*Note de l'Éditeur.*)

CHAPITRE IX.

Littérature du temps. — Le connétable de Bourbon, tragédie de M. de Guibert. — Jugement de l'auteur sur cette pièce. — Le Duc d'Aumont et M.ᵐᵉ de Villeroy, sa fille. — Séance de l'Académie française. — Élection de l'Évêque de Senlis. — Sa réception. — Note sur M. l'Abbé de Pradt. — Citation de l'Abbé de Voisenon. — Discours de Condorcet. — Un opéra de Marmontel. — Un drame de Laharpe. — Saisie d'un ouvrage après sa publication. — Protection du Comte de Provence en faveur du poète. — Citation d'un passage retranché dans *Mélanie*. — La tragédie de Manco-Capac. — Citations d'Helvétius, de Mercier, de Diderot, etc. — Prévision du Dauphin Louis IX. — Passage d'un sermon de l'Abbé de Boismont. — Un possédé. — L'exorcisme.

Je ne vous parle pas souvent de littérature, parce que je n'aimais guère m'occuper de celle de ce temps-là, qui m'ennuyait ou me déplaisait mortellement. Il me fallut assister au château de Versailles à la représentation d'une tragédie qui me fit éprouver l'un et l'autre, et c'était la trahison du Connétable de Bourbon qui se trouvait en scène. Les répétitions de cette pièce venaient d'être applaudies au théâtre de la Comédie française avec un enthousiasme, et l'on pourrait dire un sentiment d'hostilité sans pareil. Elle était annoncée comme un effort de génie, et voici mon opinion sur ce chef-d'œuvre. Le plan mal conçu, mal combiné, mal exécuté, me sembla *difforme* et d'une obscurité fatigante; la versification de cette pièce me parut plate et barbare. Le style de M. Dubelloy le boursoufflé serait, à mon avis, moins incorrect et moins ignoble que celui de M. de Guibert, et celui du vieux Crébillon n'est certainement pas plus rocailleux. Ajoutons que cette pièce était d'une longueur assommante, car elle ne dura pas moins de trois heures et demie; mais l'ennui que j'en éprouvais était dominé par l'impatience et l'irritation de voir retracer sur le théâtre de Versailles, en présence de nos Princes, et devant les Ambassadeurs étrangers (à l'occasion d'un événement auguste), un épisode aussi fâcheux de notre histoire; c'est-à-dire une suite de faits injurieux au nom de Bourbon, par le spectacle continuel d'un traître, et par un enchaînement de circonstances où les bons Français étaient représentés comme ayant été vaincus, humiliés et *dégradés*, suivant l'expression de l'auteur.

Le Roi s'aperçut trop tard de l'inconvenance et de l'inconvénient qu'il y aurait à laisser jouer cette mauvaise pièce. Il annonça hautement qu'il avait été trompé par le rapport du premier gentilhomme de sa chambre, et qu'il ne souffrirait pas que cette tragédie reparût sur aucun théâtre. Ce premier gentilhomme était le Duc d'Aumont, qui n'était guère en état de juger d'une tragédie, et qui se laissait diriger en ceci par la Duchesse de Villeroy, sa fille écervelée. Vingt ans avant la même époque, il aurait eu grand soin de soumettre une pièce qu'il était question d'admettre au répertoire de Versailles, à la lecture d'un comité de gens de lettres et d'un censeur prudent ; on n'aurait pas risqué pareille inconvenance au temps du Cardinal de Fleury, ni même sous le ministère du Duc de Choiseul ; et ceci vous prouvera combien les liens de la sujétion respectueuse étaient déjà relâchés.

Il ne m'était pas possible non plus d'aller aux séances de l'Académie française, où l'on proférait des panégyriques en faveur de Julien l'apostat, et où M. Dalembert faisait des homélies pour engager les Évêques à la *résidence*. M. l'Archevêque de Paris s'en fâchait tout rouge, et MM. du Parlement le poursuivaient sur *appel-comme-d'abus*. M. de Malesherbes n'entendait pas s'opposer à l'inondation des mauvais livres, et les mauvais livres infestaient l'esprit public en dénaturant le caractère français. M. de Maurepas ricanait et ne savait faire autre chose que d'exalter M. Necker : il était persuadé que l'opinion publique est toujours soumise à l'état des finances, et que la moralité d'un peuple est inutile à la prospérité d'un gouvernement.

Je vous disais qu'il ne nous était plus possible d'assister aux séances de l'Académie française, et voici pourquoi. Cette malheureuse compagnie se trouvait dominée par la coterie des philosophes encyclopédistes, et c'était M. Dalembert et surtout M^{dle} Lespinasse, qui s'étaient emparés de sa direction : Dalembert, en sa qualité de secrétaire perpétuel de l'Académie, et sa demoiselle, à titre de présidente en chef *des prôneurs* philosophiques. On aurait bien pu les déjouer en les affrontant, mais parmi les gens en crédit, personne ne voulait s'en donner la peine, à l'exception du Maréchal de Richelieu, quelquefois, et comme il y parut en 1771 à l'élection de M. de Roquelaure, Évêque de Senlis. Le Maréchal avait laissé tranquillement le parti philosophique intriguer et quêter des voix pour le sieur Gaillard ; mais la veille de l'élection, le Maréchal alla faire sa tournée de visites en grand équipage, et ceci détermina l'admission de M. de Senlis, sans aucun autre embarras de négociation.

On n'entendra jamais rien d'aussi ridicule que le discours dicté par Dalembert en réponse à celui de l'académicien récipiendaire. On lui donnait des louanges comme ÉVÊQUE, parce qu'il était bon chrétien ; comme COURTISAN, parce qu'il était Aumônier de la cour, comme MAGISTRAT, parce que tous les Évêques de France ont le titre de Conseillers du Roi, et surtout parce qu'il avait bien voulu siéger parmi les Conseillers-clercs au Parlement Maupeou ; et puis des complimens comme ORATEUR, parce qu'il avait fait une Oraison funèbre de Madame Henriette de France ; comme INTIME AMI de feu M. le Dauphin, parce qu'il avait porté son cœur à Saint-Denis sur un carreau de velours; enfin comme un homme qui se trouvait appelé à soutenir, représenter et remplacer dignement toutes les GLOIRES LITTÉRAIRES de notre pays, parce qu'il était désigné pour prêcher dans l'église des Carmélites à Saint-Denis, le jour de la profession de Madame Louise de France (1).

(1) Jean-Armand de Bessnejoulx de Roquelaure, né en 1721, sacré évêque de Senlis en 1754, premier aumônier du Roi,

Une autre fois c'était M. de Condorcet que le Maréchal de Richelieu laissait parvenir au fauteuil académique, ou c'était le Prince de Beauveau qu'il y faisait arriver. L'abbé de Voisenon complimentait M. de Beauveau sur les *honneurs qui lui étaient dus*, en ajoutant que *son extrême exactitude ne le rendait imposant qu'en le rendant irréprochable*, ce qui pouvait être joli, mais ce qui n'était pas compréhensible. Ensuite on entendait M. de Condorcet, emphatique et misérable orateur, méthaphysicien ténébreux et philosophe athée, qui vous disait d'un air maussade, avec une voix creuse et fausse.

« Nous sommes témoins des derniers efforts de
« l'ignorance et de l'erreur ! nous voyons la raison
« sortir victorieuse de cette lutte si longue et si
« pénible. La vérité a vaincu ! le genre humain est

Commandeur de l'Ordre royal du St.-Esprit, Conseiller du Roi en tous ses conseils, et l'un des 40 de l'Académie française, mort Archevêque de Malines en 1808. Il n'est pas mal à propos de noter ici que M. l'ancien évêque de Poitiers, qui s'est fait écrivain politique, et qui s'appelle M. de Pradt, se trouve cité dans plusieurs biographies comme ayant été le successeur de M. de Roquelaure; mais la dignité dont il se pare ne doit imposer à ses lecteurs aucune espèce de soumission. Il peut avoir été proposé par Buonaparte pour obtenir l'archevêché de Malines, mais il n'en a jamais occupé le siége; il n'a jamais pu triompher de la résistance du chapitre et des grands vicaires de cette métropole, qui lui ont toujours demandé l'original de ses bulles et les preuves de sa juridiction qu'il ne pouvait leur montrer parce qu'il ne les avait pas. M. de Pradt n'a jamais eu la satisfaction de se voir assis sur un trône archi-épiscopal; il avait pris le titre d'Archevêque avec empressement, il le porte avec obstination; voilà toute sa biographie *pontificale*.

(*Note de l'Éditeur.*)

« sauvé ! Un jeune homme aujourd'hui, qui sort
« des écoles, a moins de préjugés et réunit plus
« de connaissances réelles que tous les plus grands
« génies, je ne dirai pas seulement de l'anti-
« quité, mais encore des siècles modernes. Oui,
« Messieurs, chaque année, chaque mois, chaque
« jour sont marqués à ses yeux également par une
« découverte nouvelle et par une invention utile, et
« le moindre avantage de notre époque n'est pas
« l'emploi dans le discours et les écrits de la pré-
« cision philosophique qui rend à la vérité les
« langues moins hardies et moins figurées, mais
« qui leur communique et leur imprime une heu-
« reuse exactitude avec plus de sécheresse et d'aus-
« térité. »

M. Helvétius (qui n'était pas philosophe opti-
miste) avait fait un livre pour nous déclarer qu'il
n'existait qu'un seul moyen de rendre la France
heureuse, et c'était celui d'en laisser faire la con-
quête par un souverain étranger à la nation, parce
qu'il aurait un intérêt personnel à s'occuper continuellement de son bonheur.

Quand M. Mercier, qui n'était pas moins philosophe que MM. Helvétius et Condorcet, eut pris
connaissance des choses, il se mit à faire un livre
pour nous indiquer un moyen de prospérité plus
patriotique et moins embarrassant pour les puis-
sances étrangères ; c'était la guerre civile, attendu
qu'elle *dérive du juste rigide, lorsque partie de la nation veut sommeiller dans une inaction molle.*

On ne savait auquel entendre ; c'était un chaos
inextricable, et lorsque nous disions qu'on devrait

s'en effrayer et s'en occuper sans relâche, on se moquait de nous.

Le désordre moral et politique était fomenté, non-seulement par les gros livres encyclopédiques et les romans orduriers, par les brochures impies et les tragédies en cinq actes, mais jusque par les almanachs des muses et les petits opéras-comiques. Marmontel avait fait une comédie mêlée d'ariettes à l'italienne, dont le but et la moralité consistaient à prouver qu'il était bon d'épouser sa servante et qu'il fallait laisser braconner ses paysans. Cet opéra, nommé *le Sylvain*, contenait mille déclamations folles contre l'inégalité parmi les humains et les préjugés de la naissance. C'était une œuvre de parti, et toute la corporation des encyclopédistes avait voulu contribuer à la confection de ce beau drame, où le manque de naturel et les entorses à la vérité se trouvaient à profusion.

Pour nous donner l'idée d'un brave et bon seigneur, on lui fait permettre la chasse à tous les paysans de ses terres; mais c'est un moyen qui n'est pas bien imaginé, Messieurs les philosophes! Un bon seigneur qui a du bon sens et qui veut faire le bien de ses vassaux, craindrait en leur accordant pleine liberté pour la chasse, de les détourner des soins qu'exige l'agriculture, et de leur faire perdre l'estime et le goût de leur métier. Il ne voudrait pas les exposer à laisser leurs femmes et leurs enfans dans un dénuement continuel, et par-dessus toute autre chose, il aurait la crainte de les faire devenir des vagabonds et de mauvais sujets.

Un bon seigneur se contente de faire tuer par

ses gardes assez de gibier pour que la culture des terres et les récoltes des pauvres gens n'en souffrent pas. Quand il veut faire du bien dans son village, il accepte pour filleul un enfant de son fermier, ce qui lui donnera le droit et l'obligation de surveiller sa conduite. Il donne aux uns, prête aux autres; il avance quarante écus au tisserand pour acheter du chanvre; il fait donner un arbre au vigneron pour en surcharger la *basche* de son pressoir; il marie, au moyen d'une dot et d'un trousseau qui ne lui coûteront pas quatre cents livres, la fille de ce bon vieillard qui a besoin d'un gendre pour cultiver son champ d'orge. Il donne une vache à la pauvre veuve qui demeure au bout de l'avenue du château. — *Vous ne glanerez point dans votre propre champ!* il a lu la Bible, et sur toute chose, il ne fait jamais ramasser le bois tombé dans ses futaies (1); enfin la lingerie, la cave et la pharmacie du château sont toujours ouvertes aux sœurs de la charité pour les pauvres de son domaine, et la châtelaine a toujours soin de faire de petits cadeaux à tous les enfans qui reçoivent des prix à l'école de M. le Curé. Vous voyez combien nous différons d'avis, M. Marmontel et moi; il est tout simple que nos traditions ne soient pas les mêmes; mais comme ses opinions me paraissent déraisonnables et qu'elles ne sont pas sans inconvéniens pour nous, j'aurais voulu, du moins, qu'il ne les publiât pas avec *privilège du Roi.*

---

(1) Nous recommandons cette remarque à l'intendant de la liste civile et du domaine d'Orléans. (*Note de l'Éditeur.*)

M. Laharpe avait fait un drame intitulé *la Vestale*, et les comédiens n'osaient pas l'accepter à cause des déclamations contre la vie monastique et d'autres allusions plus impertinentes encore. M. Laharpe en change le titre, il place le lieu de la scène dans un couvent de Paris; de ses personnages de l'ancienne Rome, il fait une novice amoureuse, un curé philanthrope, un père avare et cruel, un amant en délire..... Enfin, M. Saurin censure la pièce et ne trouve rien dans tout ceci *qui puisse en empêcher l'impression*. M. de Malesherbes en autorise le débit : — Ne choquons pas l'esprit philosophique, et tout ira le mieux du monde !

La première édition de ce drame en cinq actes n'en fut pas moins arrêtée, saisie, et mise au pilon, par ordre du Roi, directement, et si M. Saurin n'en perdit pas son emploi de censeur, il ne dut cette grâce-là qu'à la sollicitation de Monsieur, frère du Roi, pour qui ce genre de publication n'avait jamais rien d'impardonnable. On fit une histoire intéressante en faveur de M. Saurin qui avait eu la ferme intention de supprimer un passage qu'il avait omis de rayer à l'encre rouge, en conséquence d'une migraine, etc. Tout s'arrangea pour le mieux dans la deuxième édition de *Mélanie*, moyennant la suppression de la tirade suivante. Je vous la rapporterai, non pas à cause de la beauté des vers et parce qu'elle manque dans les œuvres de M. Laharpe, mais à raison de ce qu'elle avait appelé l'attention du Roi Louis XVI et la désapprobation de ce prince. (*C'est la novice amoureuse qui parle au curé philosophe.*)

« Un père... Il m'en faut un... Que n'ai je un père ! hélas !
« Il plaindrait mes tourmens et m'ouvrirait ses bras.
« Un père, au cri du sang, est-il inaccessible ?
« Et vous, à mes transports vous vous montrez sensible.
« N'êtes-vous pas pourtant au rang de ces mortels
« Qui ne prêchent jamais que des devoirs cruels,
« Qui m'ont tous annoncé, d'une voix formidable,
« Dieu toujours irrité, l'homme toujours coupable,
« La nature en souffrance et le ciel en courroux :
« Le ciel, par un traité qui s'est fait malgré nous,
« Entre notre faiblesse et sa toute-puissance,
« Nous laissant le malheur et gardant la vengeance !
« Ils m'ont dit que celui qui nous a formés tous
« Du pouvoir d'opprimer se montre si jaloux,
« Qu'après avoir soumis sa faible créature
« Au tribut de douleur qu'exige la nature,
« Aux besoins renaissans, aux ennuis, aux travaux,
« Il lui commande encor d'ajouter à ses maux...
« Ils m'ont dit qu'on ne peut apaiser sa colère
« Qu'en s'imposant soi-même un fardeau volontaire,
« Et qu'enfin, les objets devant lui préférés,
« Ce sont... des yeux en pleurs et des cœurs déchirés.
« Eh bien, s'il est ainsi, j'ai le droit de lui plaire,
« Je veux éterniser mes tourmens !...»

Tout ceci n'était rien encore à côté de la magnique imprécation contre les rois qui se trouvait dans cette belle tragédie de *Manco-Capac, Inca du Pérou*, qui disait si mélodieusement à l'usurpateur de ses états.

« D'un forfait croirais-tu Manco-Capac capable?
« Que la mort te replonge en cette égalité
« Dont sortit un moment ton orgueil indompté,
« Et qu'elle éteigne enfin dans une nuit profonde
« Le nom de roi..., ce nom qui fait l'horreur du monde ! »

En apprenant que M. Diderot avait fait une satire contre l'*insecte usurpateur du nom de majesté*, et qu'il y prescrivait philosophiquement d'*étrangler le dernier prêtre avec les boyaux du dernier roi*, je vous avouerai que ceci fut trouvé trop dégoûtant pour être dangereux, plus insolent que de coutume, à la vérité, mais trop ridiculement fou pour être jugé criminel et punissable.

Les sophistes étrangers ne me paraissent pas aussi déraisonnables que les Français. Les Anglais Hume et Gibbon, par exemple, ne manquaient pas d'une certaine franchise historique et d'une sorte de probité dans la discussion. L'Abbé Galiani me disait à propos de Franklin, qu'ils se trouvaient un jour ensemble chez Mme Necker, et que Dalembert s'était mis à crier avec sa voix d'eunuque abyssin, que le règne du christianisme était fini! Franklin lui répondit que la révolution qui menaçait le monde, était au contraire l'application du christianisme primitif, auquel on arriverait infailliblement après un *demi-siècle* d'impiété. Cet Américain disait que le retour à des institutions primitives aurait des résultats déplorables, et qu'il avait grand peur des anabaptistes! Qui vivra verra?

Quant à ce M. Franklin qui avait arraché la foudre aux Dieux et le sceptre aux Tyrans, disait le Mercure, en ajoutant que les Dieux étaient les Tyrans de l'Olympe, et que les Tyrans étaient les Dieux de la Terre ; je vous dirai que je n'ai jamais eu l'honneur de le rencontrer qu'une seule fois. C'était à souper chez Madame de Tessé qui ne m'en avait rien fait dire, et qui m'avait joué le tour de le faire placer à table à côté de moi. Je leur fis la malice de ne pas lui adresser une seule parole, et du reste, il me semblait que je n'aurais su que dire à cet imprimeur-libraire? Il avait de longs cheveux comme un diocésain de Quimper ; il avait un habit brun, veste brune et culotte du même drap avec les mains de pareille couleur ; il avait une cravate rayée de rouge ; et ce que j'ai vu de plus remarquable en lui, c'était sa manière d'arranger les œufs frais. Ceci consistait à les vider dans son gobelet en y mettant du beurre avec du sel et du poivre et de la moutarde ; il en employait cinq ou six à confectionner ce joli ragoût philadelphique, dont il se nourrissait à petites cuillerées (1). Il est bon de vous dire aussi qu'il ne détachait pas avec une cuillère et qu'il coupait avec un couteau les morceaux de mı qu'il voulait manger ; item, il mordait dans les asperges au lieu d'en trancher la pointe avec son couteau sur son assiette, et de la manger proprement à la fourchette ; vous voyez que c'était une manière de sauvage ; mais au demeurant, mon ami, comme chaque peuple a ses institutions, son climat, ses alimens, ses habitudes et ses coutumes à lui propres, chaque nation doit avoir ses délicatesses morales et ses grossièretés physiques, avec des recherches de politesse qui lui sont particulières, et des négligences habituelles qu'une autre n'a pas. Ce qui me fit prendre garde aux faits et gestes de ce philosophe américain, c'était l'ennui d'en entendre par-

(1) On voit dans le nouvel ouvrage de Mistriss Trollope que cette étrange manière de manger des œufs frais est encore usitée généralement dans tous les États-Unis. (*Note de l'Éditeur.*)

ler comme d'un parangon social et d'une merveille de civilisation cosmopolite. — Qu'il a d'esprit! le voilà qui vient de dire la chose la plus délicieuse, à propos de M. Goesman! il a dit qu'il est plus facile à un âne de nier, qu'à un philosophe de prouver!!! — *Plus negaret asinus quam probaret philosophus,* répondis-je à Mme de Coigny. — Voici tantôt mille ans qu'on a dit cela pour la première fois; vous n'en avez pas eu l'étrenne.

Le clergé français ne s'était pourtant pas endormi dans un lâche silence. Le corps épiscopal n'avait cessé de combattre, et il n'a reculé devant aucun effort du zèle, aucun labeur de la charité. D'abord, les évêques s'adressèrent collectivement au Roi très-chrétien; ensuite ils parlèrent aux peuples confiés à leur sollicitude, aux ignorans séduits par ces philosophistes ennemis de Dieu, ennemis du Roi; et sur tous les points du royaume, on entendit éclater cette grande voix de l'Église gallicane. Je vous prie, mon Enfant, de vous procurer les lettres pastorales des Archevêques de Lyon, de Paris et de Cambray; vous conviendrez avec moi que ce sont des chefs-d'œuvre de raison, de pathétique et de véritable éloquence.

Écoutez ce fragment d'un sermon qui s'adresse à ces prétendus philosophes, et qui fut prêché par l'Abbé de Boismont dans la chapelle royale du Refuge, en 1782. Vous allez voir si M. Dalembert et Mme Necker ont eu raison de reprocher à ce Vicaire-Général du diocèse de Paris son *défaut de logique* et son *manque de modération charitable.*

« Terminons cette guerre scandaleuse ; assignez à
« Jésus-Christ son partage : vous lui avez ravi au milieu
« de nous une portion de son héritage céleste, souffrez
« qu'il règne au moins sur les générations futures, lais-
« sez-leur nos fêtes, nos promesses et nos consolations;
« gardez pour vous l'espérance du néant ; nous ne vous
« troublerons point dans cette poussière éternelle où
« vous vous promettez de descendre; mais s'il est un
« Dieu rémunérateur, s'il est une félicité sans mesure,
« attachée à des vertus produites et consacrées par une
« foi soumise et généreuse, ne nous l'enviez pas. Le
« champ des sciences naturelles et des arts est assez
« vaste! portez-y vos talens et vos lumières; étendez
« les découvertes profitables, dirigez le commerce et
« l'industrie; mais laissez-nous, abandonnez à nous le
« monde invisible que vous ne connaissez pas ; mais ce
« peuple ignorant, pauvre et languissant, qui souffre
« et qui gémit, pourquoi vous obstinez vous à lui dis-
« puter un Dieu pauvre et souffrant comme lui? Erreur
« pour erreur (vous me forcez à cette sorte de blasphême
« que ma foi désavoue, mais l'horreur de cette suppo-
« sition impie ne laissera du moins aucune ressource à
« votre fausse doctrine); erreur pour erreur, celle que
« nous professons et que nous avons mission d'annoncer
« ne pénètre-t-elle pas dans les ames avec plus de dou-
« ceur et d'efficacité que toutes les vaines déclamations
« que l'esprit d'indépendance accumule? Nos secours,
« nos remèdes, ne sont-ils pas plus populaires, plus ac-
« tifs, plus universels?

« Ah! que les heureux du siècle se permettent de ne
« rien croire, je puis me rendre compte de ce délire;
« mais où sont-ils, les heureux? Quelle horrible collec-
« tion de misères que ce monde! Dans les conditions bril-
« lantes, que de joies fausses, que de désirs rongeurs,
« que de plaies saignantes et désespérées! Si l'œil d'un

« philosophe perçait tous les replis de tous ces cœurs dont
« la surface est si calme, il en frémirait et voudrait peut-
« être y replacer lui-même la pensée de Dieu qu'on s'ef-
« force aujourd'hui d'en arracher. Dans les conditions
« obscures, surtout parmi cette foule d'indigens pour
« qui la Providence semble n'avoir balancé le malheur de
« naître que par le bonheur de mourir, si vous détruisez
« la pensée de Dieu, quel adoucissement restera-t-il à
« des privations douloureuses, à des peines cuisantes?
« Est-ce donc un si grand bienfait que d'ajouter au tour-
« ment de vivre pour souffrir, la certitude de n'avoir
« rien à espérer après la mort?

« C'est pour cette portion d'hommes que nous invoquons
« votre pitié ; laissez-nous les malheureux ; vous n'avez
« d'autre présent à leur faire que le triste problème de je
« ne sais quel sombre avenir. Quelle attente pour de pau-
« vres captifs, accablés sous le poids de leurs chaînes!
« Nous, du moins, nous soulevons ces chaînes et nous en
« partageons le poids, nous le supportons avec eux ; voilà
« notre plus grand avantage sur vous, et c'est à ce titre
« que je ne crains point de réclamer ici, je ne dirai pas
« seulement votre justice, mais votre compassion, votre
« humanité, votre pitié miséricordieuse ! »

On a dit et souvent répété, que les *dévots* avaient laissé le poète Gilbert mourir de faim, tandis que le Roi, les Princes et les ministres n'accordaient jamais aucune espèce de récompense ou d'encouragement aux écrivains qui militaient contre le philosophisme. C'est encore une injustice, et je connais plusieurs de ces écrivains qui manquent de mémoire ou de véracité (1). Le prétendu scandale occasionné

(1) Nicolas Gilbert, mort à Paris, en 1780, âgé de 29 ans.

par la mort de Gilbert est une invention philosophique. Il est vrai qu'il avait commencé par être malheureux, ce qui n'a rien de contraire à l'ordre naturel des choses, attendu qu'il était né très pauvre, et qu'un jeune poète ne gagne rien, quand il est inconnu ; mais à l'époque de sa mort, il était en pleine jouissance, et ceci depuis deux ou trois ans déjà, d'une pension de huit cents livres sur la cassette du Roi, d'une pension de cent écus sur le Mercure de France et d'une autre pension de cinq cents livres sur la caisse épiscopale des économats. Il recevait en outre, au nom de Mesdames, tantes du Roi, un mandat de six cents livres, que ces bonnes princesses lui faisaient adresser régulièrement pour étrennes. Aussitôt qu'on eut appris qu'il était malade et qu'il avait fait des dettes, on lui fit allouer par le ministère de la maison du Roi, une gratification de cinquante louis dont il est resté plus de la moitié dans son secrétaire. On y trouva même un papier qu'il avait écrit trois jours avant sa mort, et par lequel il avait fait un legs de dix louis à un jeune soldat aux gardes françaises, appelé Bernardote(1). Vous pouvez être assuré qu'il est mort dans les sentimens de piété les plus édifians ; qu'il ne chercha pas à s'étrangler avec *la clé d'une cassette;* qu'il n'est jamais entré comme malade à l'Hôtel-Dieu de Paris ; qu'il est mort dans sa chambre, rue de la Jussienne, et non pas à l'hôpital ; enfin, qu'il avait à l'époque de son décès un revenu bien assuré de *deux mille deux cents livres tournois.*

(1) On dit qu'il est devenu général de la République.

Je m'étais beaucoup mêlée des affaires de Gilbert ; je l'avais fait de grand cœur, et voici la copie d'une lettre que Madame Louise de France (fille de Louis XV) avait eu la bonté de m'écrire en 1775 (1).

† J.-M. ce 15 septembre, au couvent de Saint-Denys.

« Je vous prie, Madame, de vouloir bien accorder
« votre protection au sieur Gilbert, en le recomman-
« dant à Monsieur votre cousin, pour qu'il puisse obte-
« nir la première pension qui viendrait à vaquer sur la
« Gazette de France, ou sur toute autre qui soit appli-
« cable aux gens de lettres, dans son département. On
« m'assure que c'est un jeune homme qui, ayant les
« plus grands talens pour la poésie, les a entièrement
« consacrés à la défense de la religion, mais qu'il n'a
« pas de pain, et que non-seulement il en trouverait
« dans le parti opposé; mais qu'il pourrait encore,
« comme tant d'autres qu'on m'a cités et qui ne le va-
« lent pas, y faire une fortune brillante. C'est une ten-
« tation dont il faut le préserver. Vous n'avez be-
« soin, Madame, pour vous y engager, que de votre
« propre attachement pour la religion et pour le bien
« de l'État, mais j'ai été bien aise de prendre part, au-
« tant qu'il m'est possible, à une aussi bonne œuvre,
« en vous priant d'y contribuer, en vous disant que je
« vous en aurais une obligation véritable, et vous as-
« surant, Madame, que je suis humblement votre af-
« fectionnée, Sœur Thérèse de Saint-Augustin, R.
« C. I. » (Initiales qui signifient *Religieuse carmélite indigne.*

(1) L'éditeur est en possession de la lettre autographe de cette princesse.

Le haut clergé de France se composait alors de dix-huit Archevêques, dont six Primats titulaires et celui des Gaules, Archevêque et Comte de Lyon, Primat effectif ; de cent douze Évêques, seigneurs temporels, et presque tous possessionnés féodalement de leur ville épiscopale ; de treize cent soixante-quinze Abbés, *crosses*, *mitres* et possesseurs de fiefs, enfin de quatre grands Abbés généraux d'ordres, et de quatre Supérieurs-Généraux de congrégations monastiques.

Parmi tous ces Prélats, il ne s'en trouvait guère que quatre qui pussent être suspectés d'intentions coupables, ou de propension favorable au philosophisme. L'Évêque de Grenoble et l'Archevêque de Sens ont péri de la manière la plus horrible et la plus scandaleuse. L'Évêque de Viviers n'avait pas l'usage de sa raison, ce qui doit faire excuser sa conduite ; l'Évêque d'Orléans a fini misérablement, mais l'Évêque d'Autun nous reste ; il affronte le mépris universel avec un phlegme véritablement philosophique, et si je vous rapportais certains passages de ses nombreux mandemens contre les philosophes et le matérialisme du siècle, vous en seriez bien étonné ! il en serait peut-être surpris lui-même ; car il ne se souvient jamais de ce qu'il a dit dans ses discours d'apparat, ni de ce qu'il a publié dans ses écrits, par la bonne raison qu'il n'en a jamais été l'auteur (1).

(1) J'ai conservé la collection des mandemens épiscopaux et des lettres pastorales de M. de Talleyrand, qui se faisaient presque toujours remarquer par une affectation de rigorisme et

M. de Beauvau racontait qu'à l'Académie française, il avait entendu M. de Talleyrand s'extasier sur la beauté de je ne sais quelle phrase qui venait d'être citée par le discoureur académique. C'est un mot charmant! se prit-il à dire; et d'où cela vient-il? Le Maréchal de Beauvau lui répondit que c'était de M. l'Évêque d'Autun, et le Comte de Sennecterre (qui était aveugle, et qui ne connaissait pas la voix de M. de Talleyrand,) répondit au Maréchal : — Holà, Prince, holà, vous manquez de justice; vous deviez dire que la phrase est de M. Chamfort.

Étant plus jeune, il avait eu l'envie, M. de Talleyrand, de s'attribuer la composition d'un conte nouvellement publié sans nom d'auteur, et qui s'appelait *Aline, Reine de Golconde*. Il avait été s'en vanter à la M^{ise} de Coigny qui savait très bien à quoi s'en tenir, et qui lui fit la malice d'aller dénoncer la chose au Prince de Craon. Celui-ci fut dire à M. de Talleyrand : — Mon Dieu, Monsieur, je viens d'apprendre que vous êtes l'auteur d'Aline, et je vous promets que je vais joliment tancer mon neveu de Boufflers, qui nous avait dit tout autre chose (1).

d'âpreté virulente. Voyez mes pièces justificatives au treizième numéro de ces cahiers. (*Note de l'Auteur.*

(1) Stanislas de Boufflers, né en 1757, d'abord abbé commandataire de N.-D.-en-Barreil, ensuite Chevalier de Malte et Capitaine des gardes du Roi de Pologne, Duc de Lorraine et de Bar. Il est devenu Marquis de Rumiencourt par succession du chef de sa branche, et c'est en émigration qu'il a épousé la veuve du Marquis de Sabran. Le Marquis de Boufflers est mort à Paris en 1815. (*Note de l'Éditeur.*)

Quelque temps après le véritable auteur d'Aline, et son compétiteur se rencontrèrent à l'hôtel de Choiseul. — Monsieur de...... *Périgord*, lui cria M. de Boufflers, et de l'autre côté du cercle et pendant un moment de profond silence, — connaissez-vous les œuvres de Rabelais?..... — Apparemment, répondit l'autre avec sécheresse et non pas sans alarme. — Apparemment..... pas trop! dit le Chevalier. — Oserais-je vous demander pourquoi?... — Monsieur l'Abbé, lui répliqua l'auteur d'Aline en s'inclinant, je vous ai demandé si vous connaissiez les œuvres de Rabelais, parce que je voulais vous dire que c'est moi qui les ai faites.

L'Abbé de Talleyrand ne trouva pas un mot à répondre; il a toujours été facile à interloquer, pour peu qu'on lui montre de la franchise et de la résolution. Je vous ai déjà dit qu'il n'avait pas la faculté de bien écrire en français, et du reste, il n'a jamais eu celle de pouvoir écrire ou parler (de son cru), pendant plus de quatre à cinq minutes. On a prétendu qu'il devait composer et publier les mémoires de sa vie, ce qui serait chose édifiante pour nous, et ce qui serait une ressource pour lui, dans la misère où il est retombé ; mais sans argent pour payer un rédacteur de ses Mémoires, je vous réponds qu'il est incapable d'en écrire autre chose que des sommaires de chapitre et la table des matières.

Pour se venger d'une exécution pareille, autant que possible, il allait disant partout que le Chevalier de Boufflers était d'une laideur intolérable, et c'est une chose dont je ne pouvais convenir. M. de Boufflers n'a pas dans la figure un seul mouvement qui ne soit digne et noble, intelligent ou spirituel : c'est tout ce qu'on peut demander à la figure d'un homme, et même c'est tout ce qu'on peut exiger de la figure humaine.

M. de Craon me disait une fois : — Mais Boufflers a la physionomie d'un honnête homme et d'un bon vivant ; qu'est-ce qu'il a donc à parler toujours de la figure de mon neveu, cet abbé périgourdin qui a l'air d'un *remords injecté*?

Il faut que je vous rapporte un autre épisode de la vie de M. de Talleyrand, qui est beaucoup plus extraordinaire, et qui n'est pas moins difficile à bien expliquer *philosophiquement*.

C'était dans les premiers jours d'août 1790, et M. de Talleyrand se trouvait dans sa ville épiscopale, ce qui n'était guère son habitude. On entendit une rumeur épouvantable sur la place de l'Évêché ; on vint dire au prélat d'Autun que la populace assiégeait la porte de son palais, et M. de Talleyrand commença par aller s'enfermer et se barricader dans une soupente avec M. l'abbé Goutte, son secrétaire (1). Il avait grand'peine à s'expliquer un mouvement populaire et d'hostilité contre un évêque aussi constitutionnel que lui, et comme il était resté sans Grands-Vicaires et sans conseil épiscopal, il aurait été bien empêché de trouver un autre parlementaire ecclésiastique que M. Goutte, qui ne voulait

---

(1) Le citoyen Jean-Louis Goutte fut institué par l'assemblée constituante et fut sacré Évêque constitutionnel de *Saône-et-Loire*, par M. de Talleyrand, le 3 avril 1791, afin de le remplacer sur le siége d'Autun. (*Note de l'Éditeur.*)

pas du tout sortir de leur cachette. Il est à savoir que cet évêque du Champ-de-Mars inspirait si peu de confiance et avait conservé si peu de crédit sur la conduite politique et les opinions religieuses de ses diocésains, que sa cathédrale était restée, depuis la cérémonie fédérative et tricolore du 14 juillet, absolument sans clergé, sans chanoines et sans lutrin, sans enfans de chœur, sans organiste et même sans *donneux d'eau bénite.* On n'en avait pu trouver dans le pays.

Cependant le tumulte augmentait de la manière la plus effrayante; il était question de briser les grilles, et les valets vinrent dire à leur maître (au travers de la porte) que tout le peuple de la ville et les paysans d'alentour, car c'était un jour de marché, étaient dans la ferme résolution de parler à Monseigneur, à qui, du reste, ils ne voulaient faire aucun mal, car c'était pour lui demander, à défaut d'autre officiant, puisque toutes les églises de la ville étaient devenues veuves, le secours de son ministère pour exorciser un possédé du diable, un *meneux d' loups* du Morvan (sorte de vampire). Il était à redouter que ces Bourguignons ne se portassent aux dernières extrémités contre le prétendu maléficier et contre les domestiques de l'Évêché, qu'ils accusaient injustement de ne pas faire parvenir leur requête à Monseigneur. Les bourgeois et les villageois de l'ancien Augustodunum ont toujours eu beaucoup de rapports avec cette peuplade de la Béotie, dont la moitié de la population se croyait sorcière, et dont l'autre moitié se croyait ensorcelée. L'Abbé Goutte alla regarder par une lucarne, et vit au milieu de la foule un malheureux homme avec les cheveux hérissés, les yeux hagards et les mains attachées derrière le dos, qu'on accablait de malédictions atroces et qu'on assommait d'horribles coups; il revint auprès de son maître, et son rapport était alarmant. Les deux constitutionnels se concertèrent; le pillage pouvait être la suite de la violence, et M. de Talleyrand finit par se décider à l'administration de l'exorcisme. Il ne savait comment s'y prendre, mais l'inexpérience ne le fit pas tomber dans l'imprévoyance, et il ordonna de conduire le sorcier dans son cabinet — Dans la chapelle de l'évêché! s'écria le peuple. — Dans la chapelle! Dans la chapelle!

Ceci n'arrangeait pas du tout le pontife de juillet, parce que de la chapelle il avait fait faire un garde-meubles, et qu'elle était encombrée par des bois de lit, des transparens nationaux, des morceaux de guirlandes civiques, des matelas, des drapeaux tricolores et des tables de nuit. Il envoya l'abbé Goutte en négociation, mais le peuple lui députa douze ou quinze représentans qui triomphèrent de sa résistance; on leur ouvrit la ci-devant chapelle, et l'on convint réciproquement que la cérémonie ne pourrait avoir lieu que sur le perron de l'évêché. M. de Talleyrand se traîna sur le pavé du grand vestibule appuyé sur sa crosse (on aurait dit un de ces diables affublés d'ornemens épiscopaux, comme on en voit dans les vieilles images anabaptistes); on fait avancer le sorcier, et le patriarche des intrus commence par marmotter du latin de rencontre. — Le bénitier? où est le bénitier? dit-il à l'abbé Goutte. Hélas? mon Dieu, il ne fut pas possible de trouver un bénitier dans les appartemens de ces deux ecclésiastiques, et l'Évêque envoya chercher cet ustensile indispensable pour exorciser, dans la sacristie de l'église de Saint-Lazare. On en rapporta le bénitier des aspersions dominicales avec son goupillon, mais il ne se trouva pas une seule goutte d'eau bénite dans la cathédrale d'Autun..... — Chez M⁰ d'Albon, porte St.-André ! — Chez M.ⁿᵉ d'Albon ! cria-t-on dans la foule, allez lui demander de son eau bénite ;. elle en aura de la meilleure, Mⁿᵉ d'Albon ! c'est la mère des pauvres ; ce n'est pas une dame comme ça qui resterait sans eau bénite et sans bénitier, non plus !...

On va chez la Comtesse d'Albon, qui ne voulut pas donner de son eau bénite, en disant qu'elle en avait fait venir de Lyon (parce qu'elle ne voulait pas de celle d'un intrus). Si M. de Talleyrand n'avait pas d'eau bénite constitutionnelle, il pouvait en faire !

Une femme du peuple en apporta, qu'elle avait pieusement et précieusement conservée depuis l'intronisation de M. de Marbœuf, prédécesseur de M. de Talleyrand ; c'est une dévotion du pays. Celui-ci commença par verser de cette eau dans le bénitier de sa cathédrale ; il y trempa le goupillon pour en asperger le sorcier qu'on avait fait mettre à genoux et qu'on maintenait agenouillé devant cet étrange exorciste. Comme on était obligé de le soutenir pour l'empêcher de tomber à la renverse, cet homme avait le regard inanimé, terne et fixe, ne proférait pas une parole et n'avait pas fait entendre une seule plainte; un seul cri, malgré les brutalités, les outrages et les coups affreux dont on l'accablait. On ne sait pas de quelle sorte d'émotion M. de Talleyrand se sentit troublé; mais il s'évanouit dans les bras de son valet de chambre, en laissant tomber l'eau bénite avec le bénitier sur la tête de ce malheureux, qui fit entendre un gémissement lugubre et qui rendit l'âme.

Soit à raison des mauvais traitemens qu'il avait subis, soit par un saisissement de frayeur naturelle, ou par un effet occulte et sacramentel de l'aspersion; toujours est-il que ce pauvre diable était tombé raide mort et que son corps avait roulé sur les marches du péristyle épiscopal, avec la mitre, le bénitier et la crosse de M. de Talleyrand qui se démantibula sur le pavé. Ce fut le dernier acte de son ministère ecclésiastique.

Presque tous les prêtres constitutionnels se marièrent l'année suivante. On a vu dans tous les journaux du temps que l'Abbé Goutte avait épousé la citoyenne Aspasie Samson, nièce du bourreau de Paris, et qu'il eut un procès avec la citoyenne Iphigénie Martin, à laquelle il avait fait une promesse de mariage. On y voit aussi que le ci-devant Évêque de Saône-et-Loire fut condamné à faire des réparations civiques et à payer une indemnité de cinq francs, en assignats, à la citoyenne Paméla Ducroc, parce qu'il avait osé la traiter d'*Aristocrate* et de *Gourgandine*. Heureusement que M. de Talleyrand eut la délicatesse de ne pas se marier: pour couronner ses œuvres, il ne lui manquait plus que d'épouser une gourgandine, mais il a eu trop d'esprit pour se rendre coupable d'une aussi lâche infamie (1).

Ce sont MM. de Sartiges et de Lezay-Marnézia, Comtes de Lyon, qui m'ont envoyé le procès-verbal de cette fonction pastorale en exorcisme.

(1) Le mariage de M. de Talleyrand doit être postérieur à l'époque où l'auteur écrivait ce paragraphe. Tout en professant et n'ayant jamais cessé de professer, à l'égard de M. de Talleyrand, la même opinion que Mme de Créquy, l'éditeur de cet ouvrage aura soin de faire observer qu'elle s'est trompée sur la *délicatésse* de sentiment et la *quantité* d'esprit qu'elle attribuait à ce diplomate.

CHAPITRE X.

Quatre suicides et quatre mésalliances en 1784. — L'auteur y voit un mauvais présage. — Les Jansénistes parlementaires. — Leurs poursuites contre l'Archevêque de Paris. — Une enquête au couvent des Capucins — Interrogation de l'auteur à M. de Talleyrand. — Mort du Garde-des-Sceaux, M. de Lamoignon. — Réflexion sur les familles de magistrature qui quittent la robe pour l'épée. — Geneviève Galliot et le Prince de Lamballe. — Mme la Duchesse douairière d'Orléans. — Un portrait de femme. — Une confidence. — Un mariage secret.

Parmi les symptômes de dissolution qui menaçaient l'ordre social, on était principalement effrayé de la fréquence des suicides et de l'effronterie des mésalliances. Dans une période de moins de dix-huit mois, il y eut à Paris quatre exemples de suicide, avérés et constatés.

Un neveu du Président Le Rebours s'était brûlé la cervelle; l'acte criminel et les circonstances du crime étaient manifestes, mais la famille était parlementaire et janséniste; aussi, le Procureur-Général de Fleury ne poursuivit point, ce qui parut un déni de justice abominablement scandaleux! Le peuple voulut empêcher l'admission du cercueil dans l'église paroissiale de St.-Séverin, et le curé, qui avait fait les obsèques, fut interdit par M. l'Archevêque, mais le Procureur-Général eut mission du Parlement pour informer contre ce Prélat, qui ne s'en embarrassa guère et qui maintint fermement son arrêt d'interdiction.

Un vieux frère-lai, du couvent des Capucins, s'était coupé la gorge avec un rasoir ; il était notoirement prouvé que c'était dans un accès de fièvre chaude ; mais les bons chrétiens du Parlement n'en voulurent pas moins instrumenter contre le défunt, pour le faire traîner sur la claie, en conséquence duquel bon vouloir, ordre d'enquête, cédule en commission rogatoire et nomination d'un conseiller rapporteur, et puis descente de justice aux Capucins du faubourg St.-Jacques. Le Père Gardien (qui était le Prince Adrien Grimaldi), répondit humblement et raisonnablement à ces enquesteurs séculiers, qu'il était institué supérieur de cette maison pour y maintenir la règle monastique en y faisant la police de conscience, et qu'il n'avait rien autre chose à dire à l'autorité laïque en cette occasion ci. Quand on voulut aller vérifier et constater le corps du délit et du défunt, on ne le trouva plus, parce qu'il était sous terre, et parce qu'aucun des religieux ne voulut désigner, dans le cimetière du couvent, la fosse du vieux frater. Ainsi, nul moyen d'enquête ni de procédure, ou de procès-verbal. Le supérieur fut assigné *pour être ouï*, et fut ensuite décrété de prise de corps, ce qui fut une chose non moins scandaleuse que les funérailles de St.-Séverin. Le Roi fit évoquer l'affaire à son grand conseil, et c'était le seul moyen qui fût resté pour pouvoir soustraire les personnes religieuses à l'usurpation tyrannique et à l'animosité des jansénistes parlementaires.

Si le jansénisme et le protestantisme, le déisme et le matérialisme, sont quatre choses distinctes, elles ne s'en tiennent pas de moins proche; elles sont adhérentes, elles se croisent pour se fortifier; elles se précèdent pour se succéder inévitablement, un peu plus tard, un peu plus tôt, suivant les degrés de perversité dans l'intelligence et les volontés du cœur. Ce sont les anneaux d'une chaine dont l'athéisme est le dernier. On ne saurait nier que la révolution française ait été préparée, produite et soutenue par les jansénistes. La constitution civile du clergé, de M. de Talleyrand, était du protestantisme tout pur. Je voudrais bien que l'Abbé Grégoire et l'Abbé de Talleyrand, l'oratorien Fouché de Nantes et le franciscain Chabot, nous disent à quel anneau de la chaîne ils se sont arrêtés? Si je revoyais jamais le citoyen Talleyrand (lequel est aujourd'hui ministre de la république française), je le prierais de me le dire en son âme et conscience! il me répondrait sans doute qu'il a commis un suicide moral, en immolant à son ambition son honneur et sa conscience. Il me dirait peut-être aussi qu'il est devenu tout-à-fait....... Allons, pas de jugemens téméraires! il n'est question pour aujourd'hui que des suicides matériels, tristes avant-coureurs de la révolution de 89 et de la séance du jeu-de-paume!

M. de Lamoignon (l'ancien Garde-des-Sceaux) avait été passer quelques jours à sa terre de Basville. On le vit sortir du château, habillé comme un chasseur, en veste de ratine verte, avec un chapeau gris, des guêtres de peau fauve et le reste du costume à l'avenant; ce qui devait être bien joli pour un Vice-Chancelier! Il avait dit qu'il allait se promener dans son parc afin d'y faire de l'exercice et d'y chasser sous bois. On l'attendit inutilement pour dîner; on passa toute la nuit à le chercher avec des flambeaux, et l'on trouva qu'il était mort d'un coup de feu dans la poitrine. Son fusil n'était plus chargé, les traces du coup démontraient assez qu'il avait été tiré de bas en haut; et l'on en conclut judicieusement qu'il avait péri par un accident involontaire. Vous imaginez bien que le Parlement de Paris ne s'ingéra pas d'en informer. Un ancien ministre de la justice! et ce qui paraissait bien autre chose en Parlement, un Lamoignon!... Je ne manquerai pas d'ajouter que c'était un magistrat philosophe, à qui l'exemple de son cousin M. de Malesherbes avait faussé la judiciaire, et ce dénouement de la vie d'un ambitieux n'affligea personne, excepté la veuve et les enfans de ce magistrat.

Le dernier évènement qui me reste à vous raconter fut bien autrement douloureux pour moi que la fin prématurée de ce Garde-des-Sceaux. Il ne s'agissait pourtant que d'une jeune orpheline, une simple paysanne; mais avant d'en arriver à Geneviève Galliot, il faut que je vous parle de Louis-Stanislas de Bourbon, fils unique et malheureux héritier de M. le Duc de Penthièvre.

Le jeune Prince de Lamballe avait du jugement, de l'instruction, de la mémoire et de l'esprit, mais c'était une sorte d'esprit sérieux dont on disait qu'il aurait pu se passer, ce qui m'avait paru sottement dit. Il était naturellement bienveillant et bienfaisant; il avait tous les agrémens et les inconvéniens d'un homme déterminé, ce qui me paraît terrible et ce qui m'effraie toujours dans l'âge de l'inexpérience. Il était régulièrement bien fait, grand et robuste; sa figure était l'expression de son cœur agité, généreux, passionné, sincère. Ses deux yeux n'étaient pas de la même couleur, ce qui donnait à sa physionomie quelque chose d'incompréhensible, et du reste, il était aussi beau qu'il est possible de l'être avec des cheveux roux.

Le Prince de Lamballe avait conservé de son éducation parfaite et de son instruction solide, un profond respect pour la religion, tout aussi bien que l'amour et l'habitude de la bienséance, ce qui dit assez l'horreur du scandale; mais par-dessus toute chose, il a toujours gardé pour son père un sentiment de vénération tendre et craintif.

— Je ne lui montre pas toute la tendresse qu'il y a pour lui dans mon cœur, me disait M. de Penthièvre: il a besoin de me craindre; s'il pouvait imaginer à quel excès je l'aime, et les combats que j'éprouve, et toutes les violences que je me fais pour lui dissimuler quelquefois mon attendrissement, il m'en aimerait encore mieux, je le pense bien; mais il en perdrait la frayeur de me mécontenter, et c'est un frein salutaire. Il en prendrait trop de confiance. A son âge, avec son ardeur et sa véhémence, il outragerait la Providence; il offenserait le prochain; il se corromprait, peut-être?... ah! ma chère amie, si vous saviez tout ce que j'en souffre, et combien cette contrainte journalière avec un fils qui m'est si cher est un rude effort pour moi !..... J'ai besoin de me dire souvent que c'est pour son plus grand bien que je me torture (il en pleurait cet admirable homme!); et si je ne l'aimais pas autant, je n'en aurais jamais le courage ! Si je ne mettais pas, comme dit l'apôtre, une sentinelle à mes lèvres qui s'ouvrent si naturellement pour lui dire avec effusion des paroles d'amour et de jubilation paternelle, et si la prudence ne venait pas raidir mes bras qui s'ouvrent pour l'embrasser et le presser sur mon cœur, il serait bien étonné de la faiblesse et de l'affection passionnée que j'ai pour lui!

M. le Duc de Penthièvre avait consenti, non sans répugnance et sans appréhension, je vous l'assure! à donner la main de sa fille unique à ce Duc de Chartres, qu'on a vu successivement Duc d'Orléans, anglomane et patriote, démocrate et terroriste. Le père de cette malheureuse Princesse a souvent eu l'occasion de se reprocher la déférence qu'il avait montrée, dans cette occasion-ci, pour la volonté du Roi ; car il n'est sorte de bienfaits dont cette indigne et perverse famille d'Orléans n'ait été comblée par les petits-fils de Louis XIV !

Le Duc de Penthièvre ne voulait pas fomenter l'aversion que M. de Lamballe avait naturellement pour son futur beau-frère ; mais quand on osait parler équitablement de son gendre en présence de son fils, on voyait qu'il en éprouvait une espèce de sécurité pénible et d'approbation douloureuse.

Sœur affligée, épouse outragée, mère de douleurs!

j'aurai souvent à parler de vous tristement et les larmes aux yeux, Princesse inconsolable! digne et vertueuse fille de M. de Penthièvre, vous que j'appelais quelquefois ma fille et qui m'appeliez toujours ma *mère*, avec une voix si douce et si confiante, avec cet accent d'affection pour moi que vous tenez de votre père, et que vous avez, tout comme lui, si touchant, si naturel et si vrai !

M. de Tessé protégeait beaucoup le peintre Greuze, et me l'avait envoyé pour me montrer de ses tableaux (1). Ceux qu'il apporta chez moi consistaient dans une scène champêtre qui lui fut achetée cinq cents louis par M. de Penthièvre, et dans plusieurs portraits, de fantaisie, supposai-je, au nombre desquels il y avait une tête de jeune fille que je trouvai d'une beauté si noblement et si religieusement naïve, que j'en voulus faire acquisition pour la mettre dans mon oratoire, en guise d'image ascétique ; mais — c'était un portrait..... il n'appartenait pas au peintre..... et Greuze avait l'air contrarié de ce que cette peinture attirait à ce point-là mon attention. Il y avait quelque chose de mystérieux dans l'embarras de ses réponses, — il ne savait pas trop..... — il ne pouvait pas dire..... et l'idée que je ne reverrais jamais cette charmante

---

(1) Jean-Baptiste Greuze, né en 1726, mort en 1805. Greuze a dû principalement sa célébrité à son intelligence du naturel et son amour du vrai. Il est à remarquer que le caractère de ses conceptions marque toujours une intention morale. On ne connaît de lui aucune composition licencieuse, et l'on peut dire de tous ses tableaux qu'ils réveillent la sensibilité en inspirant l'amour de la vertu.   (*Note de l'Éditeur.*)

figure était un véritable chagrin pour moi. J'en éprouvais une espèce d'attendrissement pénible, ainsi qu'une jeune fille mélancolique ou romanesque qui verrait un admirable garçon pour la première et la dernière fois de sa vie, sans savoir son nom? sans avoir eu seulement la consolation d'en avoir été remarquée!..... On vint m'annoncer M. le Duc de Penthièvre : il acheta le grand tableau sans en demander le prix (Greuze était persuadé, bien justement, qu'il n'aurait qu'à s'en féliciter); mais S. A. S. le pria de lui faire une copie de ce tableau que j'aimais, et ce fut de si bonne grâce, avec tant de persistance et de courtoisie, que ce même tableau m'arriva tout justement pour la veille de ma fête, c'est-à-dire au bout de quinze jours. Je remerciai l'anonyme obligeant qui me faisait une galanterie de cette image archangélique, et je la fis d'abord exposer à l'adoration de mes fidèles, à côté de moi, dans mon second salon.

Deux ou trois jours après, j'écrivais le matin dans mon oratoire, on vient m'annoncer une visite, et j'entends que c'était M. de Pombal (1). Je réponds qu'on ait à le prier de m'attendre, et j'arrive au bout d'un quart d'heure, sans avoir sonné pour qu'on vînt m'ouvrir les portes, attendu que je n'avais que ma chambre à traverser. J'ai toujours été de cette force-là! (La Reine m'a conté que Mme de

---

(1) Dom Pedro-Jean-Sébastien de **Silva-Tavora**, Ménézès et Castro, Marquis de Pombal et d'Orugua. Il avait été accrédité comme ambassadeur extraordinaire à Paris par le Roi de Portugal, Dom Joseph de Bragance, en 1759.

Maurepas lui disait un jour. — *La douairière de Créquy, Madame! elle est courageuse et résolue comme un dragon! si les sonnettes étaient dérangées chez elle, elle est capable de m'ouvrir les deux battans de ses portes à elle toute seule, et je suis sûre que les ampoules ne lui seraient de rien?*) J'étais donc arrivée dans mon salon dont la porte était ouverte, et c'était sans aucun bruit par la raison que vous savez, puisque je ne fais jamais ôter mes tapis. J'aperçois M. le Prince de Lamballe, et non pas le Marquis de Pombal, Ambassadeur portugais, qui regardait fixement cette figure de femme avec une expression tellement étrange.....

— Chère maman !.. qui vous a donné ce portrait? comment se trouve-t-il ici?.....

— Mais, Monseigneur, c'est Monsieur le Duc de Penthièvre, qui me l'a donné!.....

— Mon père?.... c'est mon père!.... Et le voilà qui tombe comme un foudroyé, sans avoir eu le temps de chanceler ni de pâlir.

Mon premier soin fut d'envoyer défendre ma porte, et je ne voulus le faire soigner que par notre fidèle Dupont, sa femme et leur neveu, parce que ce sont des gens à l'épreuve, et que je craignais qu'il ne parlât plus qu'il ne le voudrait.

Son évanouissement se termina par une hémorragie tellement violente, que tous ses vêtemens, et surtout sa veste et sa cravate, étaient couvertes de sang, au point qu'on fut obligé d'envoyer à l'hôtel de Toulouse afin d'en rapporter d'autres habits.

J'aurais voulu pouvoir le consoler et le rassurer,

ce pauvre jeune prince, je l'aimais comme s'il avait été votre frère ! Il voulut rester avec moi toute la journée ; je ne reçus personne au monde, et voici la confidence qu'il me fit.

« Vous savez que dans mon enfance et pendant
« mes promenades avec mon gouverneur, je m'é-
« chappais souvent dans la campagne. Quand je me
« sentais en liberté, mon cœur en tressaillait de joie !
« J'allais me cacher dans nos belles forêts du Vexin
« français (1) ; j'allais m'asseoir au bord d'un ruis-
« seau pour y rêver ; j'entrais dans une chaumière
« pour y manger du pain bis avec du lait ; je m'ar-
« rêtais à causer avec une vieille paysanne, ou bien
« je suivais le convoi d'un pauvre manouvrier, der-
« rière les parens du défunt, jusqu'au cimetière de
« leur village. Aussitôt qu'on me regardait avec un
« air étonné, je m'enfuyais.

« J'entendis que mon père disait un jour à l'Abbé
« de Florian : — Laissez-le donc tranquille ; si nous
« le tourmentons, il s'en ira peut-être si loin, que
« nous aurons peine à le retrouver ? Il est agité par
« un esprit de mouvement et de liberté dont il ne
« sait que faire et dont il ne fait pourtant pas mau-
« vais usage ; et par exemple, hier, savez-vous ce
« qu'il est allé faire en s'échappant comme un che-
« vreuil à travers les bois et les rochers, jusqu'à
« deux lieues d'ici ? il est allé dire ses prières du soir
« avec l'ermite de la Chesnaye. Surveillez-le bien,

(1) Le Princ. de Lamballe avait passé son enfance et sa première jeunesse au château d'Annet, dont son père était possesseur à titre de Prince d'Annet et Comte de Vexin. (*Note de l'Aut.*)

« mais ne le punissez pas; je vous le défends, mon
« cher Abbé.

» Il me semble que j'avais alors de douze à treize
« ans; mais ces paroles de mon père, prononcées
« avec cette voix du cœur que vous lui connaissez,
« firent beaucoup d'impression sur le mien. Mes
« évasions devinrent moins fréquentes; je craignais
« d'inquiéter mon père et d'abuser de son extrême
« bonté pour moi; je n'obéissais pas toujours à cette
« bonne disposition, mais lorsque j'avais cédé à mon
« premier mouvement d'indépendance et d'impé-
« tuosité, j'en éprouvais du regret, du trouble, et
« j'en restais malheureux, ce qui ne m'arrivait pas
« autrefois, et c'était une sorte d'amélioration.

« En m'en revenant, par un beau soir d'été,
« d'une de ces excursions, je m'étais arrêté sur les
« rochers de la Thymerale, auprès de notre château
« d'Annet. C'était, je crois bien, pour regarder le
« coucher du soleil, mais je vis passer à côté de
« moi une charmante petite fille, qui conduisait
« une chèvre, et comme la pauvre enfant n'avait
« pas la force de faire obéir cette bête rétive et
« quinteuse, et qu'elle ne voulait pas lâcher la
« corde qui l'attachait, elle fut entraînée parmi des
« quartiers de roche où je la vis tomber..... Je m'é-
« tais élancé près d'elle, et je vis qu'elle avait une
« blessure au front..... J'essuyais son joli visage
« avec mon mouchoir, et c'était ses larmes qui
« servirent de vulnéraire. Elle me souriait tout en
« pleurant; je n'oublierai jamais son adorable sou-
« rire, et je crois encore l'entendre dire avec une
« voix argentine, avec un accent de bonheur et de

« sensibilité radieuse : *Ce n'est rien du tout, rien du
« tout !*..... Je voulus soumettre et conduire ce ca-
« pricieux animal : je m'emparai de la corde qui
« rompit ; je détachai mon écharpe à franges d'or,
« et j'amenais la chèvre en triomphe, lorsqu'en
« tournant à l'angle de la Vennerie, je me trouvai
« face à face avec mon père qui allait faire une pro-
« menade, et dont la suite était nombreuse. J'en
« fus interdit de prime-abord, et puis je racontai
« fidèlement et simplement ce qui s'était passé.

« Mon père ordonna qu'un gentilhomme à lui
« vînt m'accompagner. — Je ne vous gronderai
« pas pour aujourd'hui, dit-il en me souriant, M.
« de Fénelon valait mieux que vous, je l'ai vu re-
« conduire au bercail, en habits d'évêque, une
« pièce de gros bétail qui s'était échappée de l'éta-
« ble d'une pauvre veuve ! Allez, mon fils.

« La petite fille n'avait pas osé s'approcher, de
« sorte qu'elle n'entendit rien de ce que disait mon
« père.

« La mère de Geneviève Galliot était malade de
« la poitrine : pauvre jeune femme !..... Elle était
« veuve d'un garçon de charrue qui servait dans
« notre ferme de la Vicomterie, et qui avait été tué
« par un taureau. C'était, disait-on dans le pays,
« un honnête jeune homme et le plus beau garçon
« de la principauté. La veuve de Remy Galliot ne
« possédait pour tout bien que leur chaumière,
« avec un petit jardin planté d'arbres fruitiers,
« quelques ruches et de plus un arpent de terre
« ensemencé d'orge ou de seigle. Elle aurait gagné
« la vie de sa fille et la sienne avec sa quenouille,

« mais sa maladie l'empêchait de filer........ Ex-
« cusez tous ces détails que je vous donne sur la fa-
« mille de Geneviève, et ne vous en étonnez pas......

« Je dis à Baudesson, notre gentilhomme, que
« je me sentais fatigué, que je le priais d'aller me
« chercher mon carrosse et que j'irais le rejoindre
« à l'entrée du sentier qui conduisait au Fresnoy ;
« c'était le nom de ce petit hameau. Je n'avais à
« ma disposition qu'un louis d'or, et je dis à la
« mère de Geneviève, avec embarras et par je ne
« sais quel instinct de sentiment confus et d'affec-
« tion délicate à l'égard de sa fille, que c'était ma
« mère, à moi, qui lui envoyait cette pièce d'or,
« et qu'elle ne la laisserait manquer de rien. Elle
« commença par nous combler de bénédictions et
« puis elle me demanda qui était ma mère ?........
« Je vous avouerai que je fus profondément trou-
« blé par cette question qui était pourtant si natu-
« relle et si facile à prévoir; il me sembla que ma
« réponse allait peut-être élever une muraille ou
« creuser un précipice entre cette pauvre famille et
« moi. Je lui dis en balbutiant et baissant les yeux,
« que le nom de famille de ma mère était *Modène*,
« et la malade reprit d'une voix languissante en re-
« gardant sa fille : — *Il y a tant de bourgeois par
« ici que nous ne connaissons point !* — Nous de-
« meurons tant loin du bourg ! ajouta la jeune
« fille avec une expression de reconnaissance et
« d'amitié dont mon cœur était dilaté.

« Geneviève Galliot ne manqua pas de revenir
« sur les rochers de la Thymerale avec sa chèvre,
« et je ne manquai pas de m'y trouver le lende-

« main, les jours suivans, et jusqu'à la fin de l'au-
« tomne. Je n'avais qu'une petite porte du parc à
« franchir. J'arrivais presque toujours le premier ;
« j'apportais de l'herbe pour la chèvre, qui s'en re-
« tournait les mamelles remplies. Nous faisions des
« chapelles et des cabanes avec des branchages, et
« nous faisions des bouquets et des guirlandes avec
« des fleurs des champs. Je lui disais : Geneviève,
« voilà de l'argent pour ta mère, et je te donnerai
« pour tes étrennes une belle croix d'or... — Avec
« un cœur d'argent, disait-elle en éclatant de joie.
« — Avec un cœur d'or comme la croix! — je
« t'aime tant, ma Geneviève, je t'aime tant, je
« voudrais pouvoir te donner tout ce que je pos-
« sède et tout ce que j'aurai jamais ! — Oh! moi
« aussi, monsieur Louis !... Mais c'est que je n'ai
« rien pour vous, reprenait-elle avec un air de
« tristesse et de résignation douce et confiante.

« Je me souviens qu'un jour elle me fit présent
« d'un bouquet de primevères des bois, des prime-
« vères d'un jaune pâle, qu'elle avait cueillies pour
« moi. Je l'ai toujours gardé, ce bouquet ; il est
« dans une cassette où j'ai serré tout ce que j'ai
« de plus précieux : une prière écrite par saint
« Louis, une relique de la vraie Croix, une lettre
« de notre aïeul Henri IV, un bracelet de perles
« avec un portrait de ma mère, enfin des cheveux
« de ma sœur, et les primevères de ma pauvre
« petite amie, ma première amie, ma douce Gene-
« viève!

« Un jour, à la fin d'octobre, elle ne vint pas
« à nos rochers où je l'attendis jusqu'au soir. Je

« rentrai au château à la nuit close et dans un état
« d'agitation fiévreuse: je laissai procéder à mon
« coucher comme à l'ordinaire, et je me relevai
« tout aussitôt que mes deux valets de garderobe
« se furent éloignés. Il était tout au plus dix heures
« du soir, mais comme mes parens se trouvaient à
« Rambouillet avec leur cour, il n'y avait dans le
« château que les personnes de la conciergerie avec
« les gens nécessaires à mon service, et je me pro-
« mettais bien de sortir de mon appartement avec
« assez de précaution pour ne pas leur donner
« l'éveil. Il me semble, au reste, que personne
« n'aurait eu assez l'autorité de me retenir. On ne
« me voyait jamais faire aucun acte de puérilité
« dangereuse ou déraisonnable; tous les domes-
« tiques de la maison de mon père m'affection-
« naient beaucoup et me craignaient un peu; enfin,
« mon Gouverneur était à jouer au trictrac avec
« l'Abbé de Florian, dans mon grand cabinet, ce
« qui les empêcha de m'entendre ouvrir la fenêtre
« de ma chambre. Je descendis en me crampon-
« nant avec les mains, les pieds et les dents, à
« tous les reliefs et les ornemens sculptés sur
« les murs de ma tourelle; j'atteignis bientôt la
« petite porte qui s'ouvre sur la Thymerale et je
« m'élançai hors du parc, en bondissant comme
« un daim!

« Je ne sais comment je ne fus pas surpris d'a-
« percevoir de la lumière dans cette petite maison
« où Geneviève et sa mère auraient dû se trouver
« endormies dans l'obscurité, au village, à l'heure
« qu'il était et pendant l'hyver?... Mais, du reste,

« il m'aurait semblé que rien ne pouvait et ne de-
« vait se trouver dans l'ordre naturel des choses,
« parce que Geneviève n'était pas venue sur la
« Thymerale; et quand on a le cœur troublé, on
« ne songe qu'à soi.

« Je restai plus d'un quart d'heure à contem-
« pler, par dessus la haie du petit jardin, la porte
« de cette chaumière; je n'osais pas en approcher,
« mais dussé-je attendre jusqu'au lendemain ma-
« tin, j'étais sûr de la voir : elle me dirait la cause
« de son absence; elle était là, j'étais ici, tout au-
« près d'elle, et les mouvemens douloureux et
« désordonnés de mon cœur étaient apaisés. Il en
« avait besoin : j'avais senti battre le cœur d'un
« homme dans la poitrine d'un enfant, et j'aurais
« cru qu'il allait se briser contre mes côtes !.....
« Il me semblait donc que je n'avais plus rien à
« désirer, rien à craindre, et qu'il me suffisait,
« pour éprouver un bonheur parfait, de me tenir
« tranquille, à l'endroit où j'étais, jusqu'au point
« du jour.

« Cependant, je vis ouvrir la porte de la mai-
« son; il en sortit une petite vieille femme avec
« une lampe allumée qu'elle avait grand'peine à
« préserver du vent; je la vis arriver auprès de la
« haie qui nous séparait, pour y couper une bran-
« che d'arbuste..... Je ne sais quelle idée sombre
« traversa mon âme, et j'entrai dans la chaumière à
« la suite de cette vieille femme..... Geneviève, car
« je ne m'occupai d'abord que d'elle, et je ne vis
« qu'elle; Geneviève était à genoux auprès du lit de
« sa mère à qui le vieux curé de Rouvres administrait

12.

« l'extrême-onction. Je vins m'agenouiller à côté
« d'elle ; mais Geneviève ne jeta sur moi qu'un
« regard fugitif et distrait, presque indifférent.
« Ses yeux étaient fixés sur la pâle figure de sa
« mère, en contemplation douloureuse, en préoc-
« cupation lugubre, en désolation de ce qui lui
« survenait sans avoir été prévu ni présumé par
« cette pauvre enfant. Le bon vieux prêtre se mit
« ensuite à réciter les prières des agonisans.....
« Mon Dieu! que c'est beau, les prières des ago-
« nisans! — Les avez-vous jamais entendues, ma
« bonne mère?

« — Mon Enfant, continuez-moi votre récit,
« lui répondis-je, et ne venez pas me distraire de
« vos peines par le souvenir de mes propres af-
« flictions.

« J'étais absorbé, reprit M. de Lamballe, dans
« cette grande vision de la mort, qui m'apparais-
« sait pour la première fois, et certes la plus admi-
« rable chose de la terre est une mort chrétienne!
« Le lieu de la scène était une cabane isolée, où
« l'on entendait mugir l'aquilon qui tourmentait
« et venait raffaler jusque dans les flammes de l'âtre,
« tandis qu'il agitait l'huis rustique et le petit vi-
« trail à compartimens dans sa résille de plomb;
« il y avait là-dedans une pauvre villageoise qui se
« mourait sur un lit de serge verte, deux enfans, un
« prêtre de campagne et une paysanne qui tenait
« un rameau de buis; mais lorsque la malade ne
« respira plus, et quand l'homme de Dieu se leva
« pour dire avec une expression d'autorité surhu-
« maine : — Je vous absous, au nom du Père et

« du Fils et du Saint-Esprit; — partez, Ame chré-
« tienne, et allez rejoindre votre créateur; il me
« sembla que les cieux venaient de s'ouvrir, et je
« m'écriai d'une voix forte : — Ainsi soit-il ! Le
« curé qui ne m'avait pas encore aperçu, retourna
« la tête en me disant : — C'est vous, Monsei-
« gneur?..... — Oui, mon bon Monsieur, c'est
« moi, répondis-je en lui serrant les mains,
« prenez soin de Geneviève; prenez-la chez vous,
« Monsieur le Curé ; je vous en prie ! je vous
« paierai la pension de Geneviève; vous l'emmè-
« nerez chez vous, vous allez l'emmener chez vous
« pour qu'elle ne couche pas toute seule ici, n'est-ce
« pas?.....

« Cet ancien Curé de Rouvres, qui est aujour-
« d'hui Prieur d'Annet, a toujours été le plus sim-
« plement charitable et le meilleur des hommes.—
« J'accepte volontiers, me dit-il, et sans rétribu-
« tion d'argent, la charge d'élever cette pauvre or-
« pheline. L'idée ne m'en serait peut-être pas
« venue ; mais la Providence a ses intentions qui
« dirigent nos opérations, comme dit saint Tho-
« mas, et je pense que c'est le bon Dieu qui vous
« a fait venir ici tout juste pour me recommander
« Geneviève au moment de la mort de sa mère, à
« côté des reliques de cette sainte femme ; car son
« âme est devant le bon Dieu, Monseigneur, et
« c'était un ange de vertu !

« Geneviève me sourit encore une fois à travers
« un déluge de larmes; elle ne s'étonna point et
« ne se réjouit pas du tout de savoir qui j'étais;
« elle avait toujours su que j'étais un *bourgeois*,

« et la qualité de Prince ne lui paraissait rien de
« plus.

« Elle aurait voulu rester auprès du corps de
« sa mère, mais je la fis conduire par cette bonne
« vieille au presbytère de Rouvres aussitôt que le
« Curé fut parti ; car il avait été mandé pour un
« autre malade à l'autre bout de cette paroisse. Ce
« ne fut pas sans difficulté qu'on put la faire sortir
« de cette chaumière, où son berceau se trouvait
« encore auprès du lit de la veuve. (Imaginez que
« c'était précisément dans ce berceau qu'elle avait
« pris l'habitude d'entasser et d'arranger tous les
« petits présens que je lui faisais. Pardonnez-moi
« la puérilité de cette observation ; vous savez com-
« bien les moindres détails deviennent précieux,
« quand ils se rapportent à ceux qu'on aime par-
« faitement).

« J'avais dit que je *le voulais* avec une gravité si
« ferme, que la vieille femme avait pris le parti de
« m'obéir, et que la jeune fille en était restée saisie.
« C'est qu'il était survenu dans mon âme une ré-
« volution complète ; je me trouvais chargé de Ge-
« neviève, j'étais devenu subitement un homme,
« un être puissant par la volonté, et je vous puis
« assurer qu'à partir de ce moment-là, je n'ai pas
« eu, depuis l'âge de quatorze ans, une seule pensée
« d'enfance.

« Lorsque je me trouvai seul et face à face avec
« le corps de Suzanne, il me fut d'abord impos-
« sible de prier ; il me semblait que j'avais à rem-
« plir, avant toute chose, une autre sorte d'obliga-
« tion plus urgente et plus obligatoire. — Oh !

« fus-je dire à cette chair inanimée, à cette figure
« morte, à ce cœur inerte et ces entrailles muettes ;
« — Oh ! soyez en paix ! j'aime votre fille, je l'aime,
« votre enfant ! je la respecterai, je l'aimerai comme
« on aime les anges du ciel, avec qui vous allez
« veiller sur elle !..... — Je l'épouserai...... (lui
« dis-je avec l'accent d'une voix si profonde et si
« mâle, que j'en fus surpris moi-même et que ma
« propre voix me fit tressaillir, comme si j'avais
« entendu parler un autre que moi?) — J'épouserai
« Geneviève, Geneviève Galliot, votre fille ! je le
« jure sur la sainte image du Christ que je fais tou-
« cher à vos lèvres.... Et puis je me sentis le cœur
« inondé d'attendrissement et dominé par un sen-
« timent de respect ; je m'agenouillai sur le bord
« de la couche mortuaire, je découvris discrète-
« ment le corps de la défunte et je pris sa main
« rurale et gercée, sur laquelle j'appliquai religieu-
« sement un baiser filial.

« Pauvre Suzanne Faure, veuve Galliot, je vous
« ai tenu parole, et le nom du mari de votre fille
« est Louis de Bourbon, Prince de Lamballe et de
« Corentin. — Vous ne me connaissez pas, Mar-
« quise de Créquy ; vous connaissez la modestie
« de mon père, mais vous ne savez pas combien
« mon cœur a de simplicité ? c'est à me faire
« douter quelquefois que je sois né du sang
« royal..... »

Je lui répondis de ne pas tomber dans les déclamations philosophiques et les amplifications d'écolier. Il me raconta les funérailles de Suzanne et la
bonne éducation de Geneviève, et l'histoire de leurs

amours, et comment leur mariage secret avait été béni par un chapelain du Palais-Royal.... Vous sentez combien les confidences d'un jeune amoureux furent prolixes; les détails en seraient interminables, et je n'ai pas besoin de vous les répéter, car cette partie du récit de M. de Lamballe avait justement la même physionomie que ce qui se trouve dans tous les romans.

Il avait donc épousé cette paysanne à l'insu de M. le Duc de Penthièvre, ce qui va sans dire, et moyennant l'assistance du Duc d'Orléans, qui n'avait pas manqué de calculer que les enfans provenus d'un mariage secret ne pourraient jamais être considérés comme apanagistes et comme héritiers de l'immense fortune de M. de Lamballe dont il devait épouser la sœur, laquelle Duchesse d'Orléans deviendrait nécessairement l'unique héritière de M. de Penthièvre en conséquence d'un pareil mariage. Sordide et crapuleux personnage! Vous verrez bientôt jusqu'où pouvait aller sa bassesse et sa corruption dans la cupidité!

— Regardez le portrait de Geneviève, et dites-moi comment vous la trouvez?.....

— Je ne répondrai pas à cela, Monseigneur; je ne saurais vous approuver et je trouve inutile de vous adresser des paroles de blâme. Vous savez qu'on doit compter sur ma discrétion dans tous les cas, et surtout quand on a ma parole; mais votre père!.... ayez pitié de la douleur d'un père!.... la douleur d'un prince!..... et si le Duc d'Orléans vous allait trahir?...... et si le Roi, le chef de votre maison, allait faire sévir contre cette pauvre jeune femme que vous m'avez fait aimer, sans la connaître, parce que je vous connais pour un homme véridique et loyal, un véritable prince français......

— « Je l'aime, répliqua-t-il en battant la cam-
« pagne Amoureuse et la plaine de Tendre ; — je
« l'aime et je l'aimerai toujours de toutes les puis-
« sances de mon cœur et de toutes les facultés de
« mon âme ! J'aime toute chose en elle, et jusqu'à
« l'infériorité de sa naissance. En pensant à la dis-
« tance qui devrait nous séparer, je l'en aime plus
« tendrement encore et plus fortement ! Tout ce qui
« touche à sa famille est devenu pour moi cher et
« sensible, et presque vénérable. Si je vous disais
« que j'ai fait exhumer son père et sa mère, et qu'ils
« sont ensevelis dans l'église de Dreux, entre le
« mausolée de la Duchesse Diane et le cénotaphe
« d'Henri II.... Je vous avouerai pourtant que, si
« les parens de Geneviève n'avaient pas été des
« gens respectables et honorés dans leur pays, c'est
« une chose qui m'aurait arrêté peut-être, et qui,
« du moins, m'aurait torturé ! Car j'ai peine à
« croire, encore aujourd'hui, que j'eusse pu sup-
« porter cette sorte de chagrin !.... Mais, grâce à
« Dieu ! le mépris public ne saurait atteindre la
« fille de la vertueuse Suzanne et de ce brave Remy
« Galliot que tout le monde regrette. Je vous as-
« sure que si l'on osait s'attaquer à la femme de
« mon choix, à celle que je veux, que je dois dé-
« fendre, je saurais bien me roidir contre les obsta-
« cles du rang et du sang ! mais le Roi n'est pas
« un tyran, Madame ! Le Duc de Chartres est un

« lâche ! — C'est vrai, Monseigneur, mais c'est un
« traître.... — Et du reste, poursuivit-il avec
« énergie, je connais mon père et je vous connais ;
« si la persécution nous atteignait, c'est à vous que
« j'irais confier ma femme, et vous seriez la pre-
« mière à plaider pour nous ! »

CHAPITRE XI.

Le Prince de Lamballe et Geneviève Galliot. (*Suite*). — Inquiétudes de M. de Penthièvre. — Un souper chez le Duc d'Orléans (Philippe Égalité). — Suite d'une mésalliance. — Mme de Saint-Paër. — Encore un suicide. — Bonté de M. de Penthièvre. — Les caveaux de l'église de Dreux. — La Princesse de Lamballe. — Son mariage et sa mort.

M. de Lamballe avait espéré le bonheur et ne l'avait pas trouvé. Les exigences de son rang, la difficulté de se soustraire à l'attention, si ce n'est à la curiosité d'un nombreux domestique, la crainte qu'il avait d'alarmer et d'affliger son père, sa frayeur de provoquer la surveillance ou la malignité d'une foule d'oisifs, sans compter la certitude d'attirer tous les regards sur Geneviève en la laissant se montrer à Paris, ne fût-ce que dans les églises! enfin la difficulté de la soustraire à tous les yeux, en l'y retenant comme prisonnière, et peut-être aussi le sentiment d'inquiétude et d'exclusion qui suit toujours un amour excessif, tout cela, dis-je, avait déterminé ce jeune prince à l'établir modestement dans une petite maison de campagne qu'il avait achetée de M. Bouret de Valroche, à Clamart-sous-Meudon; ce qui faisait que M. de Lamballe allait le plus souvent possible au château de son père à Sceaux-Penthièvre.

Madame de Saint-Paër (c'est le nom d'un fief de la principauté de Lamballe, et c'est ainsi qu'on appelait Geneviève), Mme de Saint-Paër avait commencé par se croire heureuse, et si l'amour le plus vrai pouvait procurer le bonheur parfait, elle en aurait pleinement joui ; mais comme toutes les choses de ce monde ont été disposées suivant un système d'ordre et d'*arrangement* général, on pourrait dire, il est dans la nature des choses qu'on n'en saurait intervertir l'ordre providentiel sans en éprouver et faire éprouver du malaise et des chagrins. Les arrangemens de M. le Duc de Penthièvre, la prudence du Prince de Lamballe, et les devoirs de sa position exigeaient souvent qu'il fût à Paris et à Versailles pendant sept ou huit jours, sans pouvoir venir à Clamart, ou qu'il n'y restât quelquefois que dix minutes. Mme de Saint-Paër écrivait tous les matins et souvent deux fois par jour à son mari, qui n'avait nul autre embarras que de recevoir ses lettres, attendu qu'elles arrivaient par la petite poste ; mais pour envoyer une lettre de M. le Prince de Lamballe à sa femme, il y avait tant de précautions à prendre et de mesures à garder, qu'il en résultait un embarras prodigieux. Une lettre mise à la poste de Paris n'arrivait alors dans la banlieue que le troisième jour. Il n'y avait dans toute la livrée de l'hôtel de Penthièvre qu'un seul domestique en qui M. de Lamballe eût assez de confiance pour oser l'envoyer à Clamart. Le frère de cet homme était valet de chambre de Mme de Saint-Paër, et pour éviter de leur part un jugement défavorable à l'honneur de cette jeune femme, M. de Lamballe avait cru devoir leur confier le secret de sa position. Si c'était une imprudence, elle attestera du moins sa moralité charitable et la délicatesse de son noble cœur.

La douce Geneviève, devenue Mme de Saint-Paër, se trouva donc obligée de passer des journées interminables, ainsi que la plupart de ses nuits, dans la solitude. Vous direz que son état n'avait que l'apparence de l'abandon ; mais qu'il était triste ! L'inquiétude ne manqua pas de succéder à l'ennui..... — Un beau jeune homme, un prince !.... — Un père irrité, une famille omnipotente, et peut-être vindicative?.....—Des séductions pour lui, des rigueurs pour elle, et puis l'abandon, l'oubli, sans doute !.... Enfin la malheureuse enfant gémissait et pleurait sans relâche et sans terme. Pendant l'absence de son mari, c'était parce qu'il n'était pas là; quand il était arrivé, c'était parce qu'il allait repartir; et quand elle ne recevait pas de lettres de lui, c'était assurément parce qu'il était prisonnier, parce qu'il était malade, ou parce qu'il ne l'aimait plus !...... Le prince en était désolé pour elle et pour lui.

—Souffrez et patientez, lui disais-je, on ne manque jamais impunément aux obligations de son état; voilà pour vous, Monseigneur! et quant à Geneviève, innocente et faible créature que vous n'auriez pas manqué d'éloigner et d'éviter avec soin, si vous l'aviez aimée parfaitement, au lieu de lui faire le malheureux présent de votre cœur et de votre main! sachez donc, mon pauvre enfant, que lorsqu'on est déplacé dans sa position sociale, on n'est jamais sans inquiétude et sans trouble ! Il en est des êtres sociaux comme des individus matériels, il ne leur est pas bon de sortir de leur élément. Joignez-y donc les alarmes! et les frayeurs! et les angoisses mortelles!..... Vous n'avez pensé qu'à vous, mon Prince; vous avez cru faire un généreux trait de véritable amour en épousant une campagnarde, et vous n'avez fait qu'un acte d'égoïsme! Au demeurant, vous êtes un homme, un véritable homme, et qui plus est, un amoureux des mieux conditionnés; vous n'avez songé qu'à vous, mon cher ami, c'est la coutume, et ce serait encore une preuve que vous êtes de sang royal.

M. de Penthièvre me dit un jour que son fils avait eu la faiblesse et le malheur de se réconcilier avec son beau-frère, qu'il avait su que M. de Lamballe était allé souper au jardin de Mousseaux, et que ce devait être en fort mauvaise compagnie, car il y avait là cinq ou six hommes de la société de M. le duc de Chartres, avec autant de personnes de la société de Mlle Duthé. Je n'en voulais rien croire, mais le père du jeune Prince ajouta tristement qu'on l'avait ramené chez lui dans un état si déplorable, qu'il en avait gardé le lit pendant 48 heures, et qu'il en était resté dans un état de santé qui semblait fâcheux..... M. de Penthièvre ajouta que le prince était d'une tristesse mortelle, et qu'il ne voulait pas sortir de son appartement. Les facteurs de la poste apportaient continuellement pour lui des lettres ou des billets au timbre de Sceaux, et la maladie d'un de ses gens, nommé Champagne, avait l'air de l'affecter péniblement... Ce jeune domestique était son inspecteur du manège, son filleul et son favori, son homme de confiance, et M. de Penthièvre ajoutait que son fils envoyait demander de ses nouvelles au moins dix fois par jour.

Je souffrais (par obligation de ne pouvoir répondre à la confiance de M. de Penthièvre) les mêmes tourmens qu'il éprouvait lorsqu'il aurait voulu correspondre ouvertement a la tendresse de son fils; mais j'avais promis de garder le secret : je tremblais qu'il ne finît par m'échapper; j'avais scrupule de le retenir avec un si bon père, et l'obsession que je ressentais devint tellement visible, qu'il me dit avec un air de surprise et d'effroi : — Comment! vous paraissez contrainte avec votre meilleur ami ! Vous me cachez quelque chose !..... —C'est vrai, lui dis-je en pleurant, ne m'en demandez pas davantage et dites à votre fils que j'irai le voir demain matin.

Ce qui me reste à vous faire connaître est aussi déplorablement calamiteux que difficile à raconter. J'essaierai pourtant de le faire avec une résignation pénible, sans fiel, autant qu'il me sera possible, et sans paroles d'animadversion contre le Duc d'Orléans. On l'a traité suivant ses œuvres. Quand il a rendu l'âme, il était ivre... il a paru devant son dernier juge; il a satisfait à la justice divine : Hélas! c'est plus qu'il n'en faudrait pour apaiser et pour assouvir sur lui toutes les haines et les passions vindicatives de l'enfer !

Après avoir encouragé son beau-frère à contracter un mariage illicite, cet homme avait calculé que le Duc de Penthièvre allait devenir vieux, et que son héritier, le Prince de Lamballe, était précisément du même âge que lui, Duc d'Orléans (ils étaient nés tous les deux en 1747, à quatre ou cinq mois d'intervalle). Le Chancelier du Palais-Royal avait dit effrontément, devant M. de Fourcy, que le Prince de Lamballe était *coulé*, mais qu'il était de force à *vivre long-temps*, ce qui serait grand dommage, attendu que M. le Duc d'Orléans ne pouvait manquer de se trouver, par la mort de M. de Lamballe, en pleine hérédité pour toute la fortune du Duc de Penthièvre qui ne se portait pas trop bien. M. de Fourcy, conseiller d'état, ainsi que M. de Monthion, Chancelier de Monsieur, et beau-frère de M. de Fourcy, pourront vous certifier la réalité de ce mauvais propos. Comme ce familier du Duc d'Orléans ne s'était pas expliqué assez nettement pour donner l'idée d'un mariage illégal et secret, on en avait supposé toute autre chose, et toujours fut-il avéré que ce méchant homme ne voyait dans la personne et la vie du Prince que le seul obstacle qui pouvait se trouver désormais entre la convoitise de son maître et l'immense fortune de son parent.

Le Duc d'Orléans, qui se délectait dans la dépravation, avait souvent dirigé lui-même et fait diriger contre son futur beau-frère et son cousin toutes les tentatives de corruption les plus perversives; mais le Prince de Lamballe en avait été préservé par un sentiment d'amour passionné, solide et pur; par le dégoût peut-être; et certainement par le mépris et l'aversion qu'il avait conçus pour le mari de sa pauvre sœur et pour les affidés de cet indigne prince.

Ils avaient été complètement brouillés pendant plusieurs années; le Duc d'Orléans s'en inquiétait, non-seulement à raison des propos du monde, mais à cause de l'attention du Roi, et sur toute chose, à raison de ce que M. le Duc de Penthièvre avait refusé d'employer sa médiation pour ménager entre son fils et son gendre un raccommodement qu'il ne désirait en aucune manière, et qu'il aurait tout au plus toléré sans l'approuver. Mme la Duchesse d'Orléans m'a dit souvent qu'elle n'avait jamais pu triompher de la résistance de son père, et qu'elle avait eu l'innocente bonté de s'en affliger immodérément.

Le Duc d'Orléans ou plutôt le Duc de Chartres, alors, faisait toujours, et pour toutes choses, emploi de l'espionnage, mais c'était prénotablement contre l'hôtel de Penthièvre et les deux Princes de cette maison. Il avait fini par être informé de cette passion du Duc de Rambouillet (comme on appelait dans ce temps-là M. de Lamballe) pour la fille d'un paysan ; il ne manqua pas d'en solliciter la confidence et d'applanir avec hypocrisie tous les sentiers détournés qui pouvaient aboutir à leur mariage ; car il a fait consacrer chez lui le mariage de son beau-frère, par l'Abbé Maguire, aumônier de sa chapelle, et le Duc d'Orléans avait voulu être un des témoins de ce grand acte d'exhérédation !

Quelque temps après, ses espions ne manquèrent pas de lui rapporter que le nouveau marié n'allait pas souvent à Clamart, et que Mme de Saint-Paer en éprouvait une jalousie continuelle. Il en conclut (lui qui ne ménageait rien), que M. de Lamballe était déjà fatigué de sa femme, qu'il ne manquerait pas de l'abandonner, que la chose allait arriver incessamment, sans aucun doute, et que lui, Duc d'Orléans, allait se trouver à la merci d'une indiscrétion du mari de Geneviève, en but à l'irritation de M. de Penthièvre, à la colère des autres Princes du sang, à la défaveur de LL. MM. devant lesquelles il ne paraissait jamais alors que sous le masque du sujet le plus exactement fidèle et du courtisan le plus soumis ; on pourrait dire le plus obséquieux.

Il est inutile de vous parler des séductions qui furent employées pour attirer le Prince de Lamballe à Mousseaux, et j'y répugnerais !....

Il paraît qu'on avait mélangé quelque drogue cyprine ou quelques mélanges de spiritueux dans la boisson que le Duc d'Orléans fit servir à son beau-frère, lequel avait l'habitude de boire et manger chez les autres, ainsi que chez lui, précipitamment et sans prendre garde à ce qu'il faisait (1) ; mais il avait conservé le souvenir avec le regret de certaines choses . . . .
. . . .
. . . .
. . . . . (*Il se trouve ici deux pages soigneusement raturées et complètement illisibles*). . . . .

---

(1) A la suite d'une maladie sérieuse, et n'ayant pas moins de 20 ans alors, son père l'avait fait dispenser du maigre, et le faisait placer à table à côté de lui pour surveiller son régime alimentaire et lui faire prendre les eaux de Forges. M. de Lamballe était là-dessus d'une insensibilité si parfaite, ou d'une distraction tellement exemplaire, qu'il ne s'était pas aperçu qu'il avait bu des eaux minérales et mangé de la viande pendant tout le carême. (*Note de l'Auteur.*)

. . . .

. . . . également la basse indignité d'une pareille conduite envers cet honnête Champagne qu'on avait fait enivrer et auprès duquel on avait envoyé manœuvrer la même personne afin que le domestique ne fût pas moins invalide que son maître. On a su depuis que c'était dans l'intention d'empêcher les relations directes et d'entraver les communications épistolaires de M. de Lamballe avec Mme de Saint-Paër. Il était possible que le Duc d'Orléans fût effectivement amoureux de Geneviève, et c'était l'opinion de Mme de Tessé qui s'y connaissait assez bien ; mais je ne sais qu'en penser pour mon compte, et je croirais plutôt qu'il avait agi par animadversion contre M. de Lamballe, que par un sentiment de prédilection criminelle et désordonnée pour Mme de Saint-Paër.

Si coupable et si déréglée que puisse être une ardeur amoureuse, je crois que Philippe Égalité n'était pas capable d'éprouver un autre sentiment que celui de la haine excitée par l'avarice et l'envie. Il n'était susceptible d'aucun attachement : il n'a jamais eu d'autre maîtresse que Mme Agnès de Buffon, et l'on a toujours remarqué que sa liaison avec cette méchante femme n'avait aucun des caractères de l'affection, ni aucune apparence de galanterie

. . . .
. . . .

. . . . pour M. de Lamballe, et vous pouvez juger quelle aurait été la désolation de son père et l'affliction désespérée de Mme de Saint-Paër, s'il avait fait connaître à ce méchant Bordeu la nature et la gravité de sa maladie. Pour s'affranchir du blâme, il aurait eu le bon moyen d'en faire connaître la cause ; mais il pensait que la personne et la famille de son beau-frère en seraient diffamées à tout jamais, et du reste il n'aurait pas voulu faire une telle révélation sans en avoir obtenu l'autorisation du Roi. On se ménageait alors entre Princes du sang, et M. de Lamballe a toujours dit :—Je ne le verrai plus, mais je n'en parlerai point : je ne veux pas déshonorer les enfans de ma sœur.

Il était donc renfermé dans son appartement de l'hôtel de Penthièvre, où je le trouvai consumé du plus sombre chagrin. Il n'osait aller à Clamart, où les tristes nécessités de sa situation n'auraient pu manquer d'exciter de la surprise, et puis des alarmes, et puis des tourmens jaloux..... (Je ne sais si vous me comprenez ?) Il avait reçu de Mme de Saint-Paër une lettre délirante et déchirante. Ils ne s'étaient pas vus depuis quinze jours, elle allait arriver à l'hôtel de Penthièvre !.... Il avait pris le parti de lui répondre avec sévérité. — Je vous le défends, Madame ; il y va de l'honneur d'un prince !... — Eh ! Qu'avez-vous fait là ? m'écriai-je ; vous la donnez belle à Mme de Saint-Paër, avec l'honneur de ce prince que vous voulez ménager à ses dépens..... et quelle interprétation effrayante et lamentable ne va-t-elle pas tirer de cette ambiguité !... Mme la Duchesse de Bourbon vint nous interrompre, et nous dit que son frère était *malade*, à ce qu'elle croyait, la chère princesse, mais ce qui n'était nullement vrai. Il avait fait dire la même chose à M. de Lamballe, apparemment dans l'intention de faire supposer qu'il avait été plus étourdi que méchant et plus imprudent que criminel. Il avait même eu la fourberie d'écrire à son beau-frère une longue lettre que celui-ci ne voulut pas ouvrir et qui lui fut renvoyée sans daigner y joindre un mot de reproche ou d'explication. J'entrai chez M. de Penthièvre où je trouvai la Douairière de Conty. On y parla de cette maladie de M. le Duc d'Orléans qui ne l'empêchait pas de donner dans son appartement de joyeux soupers de quinze à vingt personnes, avec lesquelles il passait le reste des nuits autour d'une table de creps. Cette Princessse ne pouvait cacher l'irritation qu'elle éprouvait de sa conduite. Il avait gagné, trois jours auparavant, seize mille louis contre son petit-fils, le Comte de la Marche. On avait eu soin de l'enivrer ; on avait fait venir des courtisanes... enfin, la grand'mère et le beau-père du Duc d'Orléans en étaient dans la consternation. Je les écoutai silencieusement, de peur d'en trop dire, et je m'en retournai chez moi, la mort dans l'ame, avec un pressentiment funeste et l'appréhension de quelque grand malheur.

Dans la matinée du surlendemain, M. de Penthièvre m'écrivit qu'il ne viendrait pas chez moi, parce qu'il ne voulait pas s'éloigner de son fils dont la maladie paraissait avoir changé de caractère. Il me disait que, pendant toute la journée de la veille, il avait eu le transport au cerveau ; que pendant la nuit dernière, il était tombé dans un assoupissement léthargique : Bordeu s'en inquiétait, il avait deja fait appeler en consultation Poissonnier, Lassuse et Bitaume ; il était question d'envoyer chercher

Bouvard ; enfin Bordeu craignait une fièvre capitale et pernicieuse. M. de Penthièvre avait la bonté d'ajouter que sa porte ne serait ouverte que pour sa fille et pour moi.

Dix minutes après, je vois entrer Dupont qui me dit, avec un air étrange et d'une voix troublée, qu'il y a dans l'antichambre un frère aîné du jeune Champagne, de Champagne qui est à Mgr le Prince de Lamballe, et que cet homme me conjure de vouloir bien le faire entrer, parce que c'est une affaire de vie ou de mort !....

C'était le valet de chambre de Mme de Saint-Paër, qui fond en larmes et qui me dit que sa maîtresse est empoisonnée. Il arrivait de l'hôtel de Penthièvre (1), mais il n'avait eu garde de parvenir jusqu'au Prince à cause de sa maladie. Son frère était à l'infirmerie du Refuge ; enfin connaissant la nature du lien qui subsistait entre le Prince et Madame de Saint-Paër, et connaissant l'intimité de mes relations avec le Duc de Penthièvre auquel il n'osait s'adresser directement, cet homme avait eu l'idée de venir chez moi.... « Vous avez bien fait, lui dis-je : » et mon parti fut bientôt pris ; j'envoie chercher Baudret, mon chirurgien, qu'on trouva chez lui ; on me l'amène, et moins d'une heure après nous étions à Clamart auprès du l^e de Geneviève.

---

(1) Ou de Toulouse. C'est aujourd'hui l'hôtel de la Banque de France, et l'emplacement de cette grande habitation couvre tout le terrain qui se trouve compris entre la place des Victoires et les trois rues de la Vrillière, des Bons-Enfans et Croix-des-Petits-Champs.   (*Note de l'Éditeur.*)

Sa femme de chambre avait perdu la tête; elle avait appelé tout le village au secours de sa maîtresse, et la chambre se trouvait remplie d'une foule de curieux à qui mon arrivée n'en imposa pas médiocrement. J'en profitai pour tâcher de faire maison nette en les envoyant chercher un prêtre; mais le tabellion me fit observer que M. le curé n'y consentirait peut-être pas, attendu que cette pauvre dame était *la propre cause de sa mort*. Je leur dis de me laisser seule avec Mme de Saint-Paër, et lorsque mes gens s'en mêlèrent en leur disant fièrement et solennellement que j'étais Mme la M^{ise} de Créquy, dont ils n'avaient jamais ouï parler, ils se retirèrent avec soumission.

— Ah! madame!... quel excès de bonté!... C'est vous, madame?... Ah! Madame!... Et voilà tout ce que pouvait me dire cette belle et douce Geneviève, dont j'aurais voulu prolonger les jours aux dépens des miens..... Hélas! il était trop tard, le poison qu'elle avait pris et qu'elle avait trouvé moyen de se procurer je ne sais comment, avait déjà brûlé ses entrailles; elle ne pouvait pas vivre plus de sept à huit heures, et Baudret m'avait prédit que la stupeur allait succéder à l'état convulsif.....

Elle implorait l'assistance de son confesseur, à grands cris; mais c'était le vicaire de Sceaux qui n'arrivait pas..... — Votre mari, lui dis-je, a beaucoup de confiance dans un des prêtres de cette paroisse...— Mon mari! s'écria-t-elle avec un égarement terrible..... Vous savez qu'il est mon mari! il vous a dit....... — Ah! pardonnez-moi, grand Dieu! pardonnez-moi mon crime!... — Il avait dit à Madame de Créquy, à l'amie de son père..... — Il avait dit que j'étais..... — Et comment n'ai-je pas su qu'il avait dit......... — Ah ! Dieu de miséricorde ! et j'avais pu douter de votre bonté ! pardonnez-moi mon défaut de lumière ! pardonnez-moi mon ignorance et mon aveuglement, mon défaut de confiance en vous ! — Mais voilà tout le monde qui sait à présent que je me suis empoisonnée..... Hélas, Madame ! ayez la bonté de me faire guérir, ou du moins, faites en sorte que mon pauvre corps ne soit enfoui sous la potence et traîné sur la claie !..... — Malheureuse enfant, lui dis-je alors, mettez-y de l'humilité, du courage et de la résignation ! je ne saurais vous promettre de l'empêcher et peut-être ne le voudrai-je point, si notre créateur ne vous permet pas de vous reconcilier avec lui. ... Faites-en le sacrifice à Dieu, au prochain, pour le bon exemple; je ne saurais en conscience entraver la justice du Roi, quand elle agit en vue de la justice de Dieu. Repentez-vous de ce grand péché, de ce crime affreux que vous avez commis... — Et Monseigneur ?..... — Il est aussi malade que vous... — Ah ! tant mieux ! tant mieux ! Nous allons nous rejoindre !......... — Voyez ces papiers, me dit-elle en m'indiquant deux lettres dont je reconnaîtrais les écritures entre deux cent mille, et dont je ne me rappellerai jamais le contenu sans éprouver un sentiment d'horreur et de terreur.

La première en date était un billet insidieux et mesuré dans ses termes, où l'on représentait les précautions, la prudence et toute la conduite d'un jeune prince *que l'on n'osait pas nommer* à l'adorable

Mme *de St.-Paër*, sous un jour perfide, comme étant le symptôme assuré d'un naturel inconstant, d'un cœur volage et d'une rupture inévitable à laquelle il était nécessaire et prudent de se préparer...

Dans la seconde lettre, à deux jours de distance, on parlait insolemment des amours du Prince de Lamballe avec Madame Victoire de France, et Dieu sait quels affreux mensonges à l'appui de cette folle calomnie ! On ajoutait sur une liste de maîtresses imaginaires. . . . .
. . . *(Rature de deux lignes)* . . . . .
. . . .
en témoignage de ses infidélités, et puis arrivait le récit du souper de Mousseaux, qui se trouvait suivi d'un résultat si honteux pour M. de Lamballe, qu'il était obligé de ne pas sortir de son appartement, ce qui pouvait durer pendant six mois..... Toute cette lettre était libellée d'un style impudent et cynique ; mais on y voyait à l'air familier dans l'outrage et à la connaissance de certains détails de localité, que l'auteur anonyme devait être un des convives de Mousseaux ; le pied fourchu s'y montrait.

Étonnez-vous donc que le sieur de Laclos, secrétaire intime et confidentiel de M. le Duc d'Orléans, ait pu faire un ouvrage tel que les *Liaisons Dangereuses ?* On accusera peut-être ce roman d'invraisemblance et d'exagération, et pourtant c'est un tableau très fidèle, en admettant qu'on ait voulu peindre les mœurs de la société d'Orléans, et qu'on en restreigne le cadre à celui du Palais-Royal.

Le Vicaire de Sceaux nous arrive... — Ne m'abandonnez pas, s'écrie Mme de St.-Paër en apercevant que j'allais sortir. — Restez, Madame, ah! restez auprès de mon lit, auprès de moi! que je ne meure pas comme une pauvre abandonnée! je vais mourir toute seule! — Ah! restez, restez, vous pouvez entendre ma confession!...

— Il faut, lui dis-je en fondant en larmes, il faut que je m'en retourne à Paris; mais vous me reverrez, je vous l'assure; et j'espère que je ne reviendrai pas seule. . . . .
. . . .
. . . .
. . . .

— Geneviève! Geneviève! entendez-vous et reconnaissez-vous ma voix? (C'était au bout d'une heure et demie d'absence, et la malade était tombée dans l'affaissement narcotique immédiatement après avoir reçu l'absolution.)

— Voici M. le Duc de Penthièvre; il m'a dit en sanglottant : — Comment? la femme de mon fils, de mon unique et cher enfant, mon fils bienaimé!... —Allons à Clamart; je veux la voir et la bénir, sa femme!

— Sa femme..... articula-t-elle avec les lèvres et sans aucun accent de la voix; mais comme j'étais assurée qu'elle n'était pas encore privée de connaissance, et qu'elle ne serait pas insensible à ces paroles de consolation : — C'est le Duc de Penthièvre, lui dis-je encore, il est auprès de vous!...

Elle ouvrit les yeux; elle regarda sans voir, d'abord; ensuite elle suivit, en soulevant péniblement ses paupières, un rayon de soleil qui faisait scintiller la plaque de diamans que portait M. de Penthièvre... — Elle se mit à sourire avec une douceur ineffable, en disant : — Comment..... ai-je pu.... mériter?... — Pardonnez-nous, Monseigneur!... — Votre fils!.. C'est tout ce que put dire Geneviève expirante.

— Mon fils vous avait élue pour sa compagne en présence de Dieu! puisque l'Église a consacré votre union, vous avez reçu la bénédiction du Père universel, de notre père qui est aux cieux ; je vous pardonne et vous bénis autant qu'il est en moi ; je vous bénis! je vais prier avec vous et pour vous, ma fille !.....

Elle avait rendu l'âme avant qu'il eût cessé de prier, et d'après la beauté, la candeur et la sérénité de sa figure, on aurait dit que c'était de joie qu'elle était morte.

Geneviève Galliot, dont j'espère que vous conserverez le portrait, est inhumée dans les caveaux de l'église collégiale de Dreux, à côté de la mère de M. le Prince de Lamballe, Marie-Thérèse-Félicie d'Est de Modène.

Toutes les fois que je vais à Montflaux, je ne manque jamais de m'arrêter à Dreux, pour aller faire ma prière à son intention dans l'église de St.-Étienne.

La maladie de M. de Lamballe fut longue et pénible, mais la convalescence de ce malheureux Prince fut plus longue et plus pénible encore ; il en sortit comme l'or du creuset, épuré, solide, et sa résignation fut égale à sa douleur. Par déférence pour les désirs de son père, à la sollicitation de sa sœur et par condescendance à mes avis, peut-être, il se résolut, deux ans plus tard, à épouser Mademoiselle de Carignan. Funeste alliance et sinistres fêtes ! Je verrai toujours dans la chapelle de cet hôtel de Toulouse, qu'on avait décorée superbement avec des milliers de lustres, des fleurs et de riches tentures brochées ; je verrai toujours cette belle figure du Prince de Lamballe, avec des larmes dans les yeux ; et ces deux familles consternées, et cette jeune fille qui pleurait en voyant la tristesse de son fiancé. Il n'était ni plus pâle, ni plus *défait*, comme dit le peuple, après sa mort, laquelle ne manqua pas d'arriver peu de temps après son mariage. Je ne vous rapporterai rien des bruits publics, à ce triste sujet, je n'ai rien su d'indubitable, et je me suis promis de ne jamais parler sur le Duc d'Orléans avec témérité. Madame de Lamballe était la beauté, la bienveillance et la vertu mêmes. Vous verrez que sa douceur et sa bonté n'ont pu fléchir les tigres qui l'ont déchirée sur l'autel de l'Égalité (1).

(1) Marie-Louise-Thérèse de Savoie-Carignan, Princesse douairière de Lamballe et Surintendante de la maison de la Reine. Elle s'était réfugiée dans les États de Savoie au commencement de la révolution ; mais quand elle apprit les malheurs dont la famille royale était accablée, elle se hâta de revenir à Paris pour y demander la faveur de partager sa captivité. Elle a été massacrée dans la cour de sa prison en 1792. On lui coupa les seins d'abord, et puis la tête dont on fit crêper et poudrer les beaux cheveux blonds par un perruquier de la rue St.-Antoine ; on la mit ensuite au haut d'une pique, avec un horrible trophée, car on avait ouvert son corps profané pour en arracher le cœur et les entrailles....... se rendit sous les fenêtres de la Tour-du-Temple,

où plusieurs municipaux voulaient forcer la famille royale à s'y présenter aux *acclamations du peuple français*. Je prends mon récit dans une gazette à la livrée d'Orléans. M⁻ᵐᵉ de Lamballe n'avait jamais fait dans toute sa vie une seule action qui pût exciter la haine du peuple : elle était la belle-sœur de Philippe Égalité ; elle avait un douaire de 560 mille livres de rente, et c'est, en vérité, la seule raison qu'on puisse trouver pour expliquer l'assassinat de cette princesse au *commencement* de la révolution. (*Note de l'Auteur.*)

CHAPITRE XII.

Les mésalliances. — Procès de MM. de la Bédoyère contre la Demoiselle Sticoti. — Mariage secret du Prince de Carignan. — Lolotte, autrement dite Mme d'Hérouville. — Mlle Mazzarelli, ou la Marquise de St-Chamond. — La procession des Cordons-Bleus. — La demoiselle Simonnet devenue Comtesse de Vaux. — Ses procès avec le j*ur* l'armes de France. — Les *Vous* et les *Tu*.

Le premier scandale dont je me souvienne (en fait de mésalliance), ce fut le mariage d'un jeune M. de la Bédoyère avec une chanteuse italienne, qui d'ailleurs était une honnête personne, et qui s'appelait Agathe Sticoti (1). Les parens attaquèrent la validité de ce mauvais mariage, et le jeune homme se défendit si bel et si bien qu'on se surprenait quelquefois à faire des vœux en sa faveur. (Nous en rougissions, Mme de Marbœuf et moi !) C'est un procès dont toute la France et toute l'Europe ont retenti pendant longues années, et Voltaire assurait que le Roi de Prusse avait eu l'envie d'écrire au Parlement de Bretagne à l'effet d'y recommander M. de la Bédoyère auquel il avait ouvert un crédit chez son ministre, à Paris, et qu'il avait

(1) Il n en est pas resté de postérité, ce me semble.

décoré d'une de ses clés de chambellan. Le jeune homme trouvait avec raison que ce serait la plus mauvaise recommandation du monde auprès des magistrats bretons qui n'aimaient ni la philosophie, ni les calvinistes, ni les amis de Voltaire, et les rois philosophes encore moins! Le Président de Kuillé disait toujours que, si le roi de Prusse avait eu *le malheur* de se permettre une pareille incartade, on aurait *décrété* contre lui!

Ceci me rappelle que le Parlement de Normandie avait assigné le même roi Frédéric pour *comparoir* à sa barre, à propos d'une réclamation d'argent, *considérant* qu'il était vassal du Roi de France à cause de ses prétentions en indivis sur la principauté d'Orange et sur le comté de Montbelliard. C'est qu'il faut vous dire que toute la terre avait été révoltée de ce titre de Roi de Prusse, que la famille de Brandebourg venait d'extorquer, on ne savait pourquoi ni comment? Toutes les vieilles gens, et surtout les justiciers, s'obstinaient à lui refuser leur *recognition*. — Qu'est-ce que c'est, disaient-ils, qu'un royaume de Prusse? Est-ce que l'on peut faire un roi sans royaume? Est-ce que l'Empereur a voulu se moquer du monde et des princes chrétiens?..... Il se trouvait aussi que les princes chrétiens ne se souciaient pas de reconnaître cette promotion de rois de Prusse, et je vous dirai notamment que l'Almanach de la cour de Rome ne les mentionnait encore, en 1792, que sous la qualification de *Marquis de Brandebourg*. Maupertuis m'a dit que son grand Frédéric en était quelquefois si dépité, qu'il ne pouvait s'en taire, et qu'il en criait comme un ache-pie : mais ne parlons plus des mariages sans fruit (comme devait être celui de ce Roi de Prusse).

Le Prince Eugène de Savoie-Carignan, second frère de Mme de Lamballe, avait épousé secrètement une jeune fille de condition, qui s'appelait Mademoiselle Magon de Boisgarin. Elle était d'une ancienne et fort honorable famille originaire du diocèse de Saint-Malo ; mais comme cette famille était bien loin d'être princière, ou d'être seulement chapitrale, les Rois de Sardaigne, aînés de la maison de Savoie, n'ont jamais voulu reconnaître le mariage de leur cousin. Il a fallu pourtant s'occuper d'assurer un état nobiliaire à ses enfans qui ne sont non plus bâtards que vous et moi, et le Roi Victor-Emmanuel a fini par leur accorder la qualification de Comtes de Carignan, en leur concédant les armes de leur nom, chargées d'une brisure sur la croix de Savoie. Leur mère a été titrée Comtesse de Villefranche, et voilà toute l'histoire de cette branche des Carignan, qui n'a rien de *princier*. Vous prendrez garde à ne pas vous y laisser tromper, et je vous le recommande (1).

Il y avait eu, dans le monde galant des mousquetaires et des abbés coquets, une jolie demoiselle appelée Lolotte. Elle épousa le Comte d'Hérouville,

(1) Les journaux italiens ont annoncé dernièrement que le Roi de Sardaigne Charles-Albert, aujourd'hui régnant, venait de concéder le titre de Prince au dernier rejeton de ce rameau, et qu'aux termes du même décret, il se trouverait appelé à la succession de la couronne Sarde, en cas d'extinction de la branche royale (*Note de l'Éditeur.*)

de Laval, et j'entendis que Maréchal-de-Bièvres s'écriait : — Par ma foi ! je voudrais bien que les imbéciles de la ville eussent autant d'esprit que les prétendus imbéciles de la Cour ! il paraît qu'on est cruellement exigeant, à Versailles ? on n'est pas aussi difficile à Paris et c'est bien heureux pour moi !...

Je reviens à M. de Laval, et je vous dirai qu'il y avait à Paris une vieille personne appelée la Marquise de Mauconseil, qui était une assez grande Dame poitevine et qui était bien malade. On ne s'en serait certainement pas tourmenté, si sa fille n'avait pas été fort à la mode ; mais comme cette fille, Mme d'Hénin, s'inquiétait assez naturellement pour la santé de sa mère, on se mit à s'émouvoir et s'enthousiasmer d'une si belle sensiblerie pour les inquiétudes de Mme d'Hénin, qu'on ne vous permettait plus de parler d'autre chose, et que tous les amis de Mme d'Hénin n'agissaient absolument qu'en vue de cette maladie-là (1). Afin de ne pas s'éloigner de cette intéressante et précieuse malade, qui avait toujours été d'un caractère assez difficile et d'une humeur assez contrariante, et surtout pour ne pas abandonner Mme sa fille à ses angoises et ses transes mortelles, on apprit que Mesdames de Turenne, de Poix, de Tessé, de Lauzun, de Bayes et de Brancas étaient allées s'établir auprès de ladite

(1) Étiennette-Cécile de Guynost de Mauconseil, veuve de Charles-Joseph-Alexis de Bossut d'Alsace de Chimay d'Hénin-Lietard, Prince du Saint-Empire. Nommée dame du Palais de la Reine en 1777, morte à Paris en 1816, âgée de 75 ans.
(*Note de l'Éditeur.*)

d'Usez, de Montauzier, de St-Sulpice, de Florensac et d'Amboise ; mais le côté des Molé faisait peine à voir. On y trouvait des femmes de la chambre des comptes et des conseillères aux enquêtes et requêtes du Palais, qui avaient des figures inimaginables. On n'y savait le nom de personne, et chacun se regardait en souriant.

On aperçut pourtant M. d'Hérouville qui se tenait auprès d'une belle personne fort parée, et tout aussitôt qu'on eût appris que c'était sa femme, il y en eut une insurrection générale dans le quartier des Crussol. Les Duchesses d'Usez, de la Vallière et de Chastillon se levèrent, saluèrent et s'en allèrent sans rien dire ; Mme de Coislin se mit à crier en s'enfuyant, Mme de Beauvau s'esquiva, Mme de Rohan s'enfuirent, et cette **vilaine M^ise de Puysieulx** trouva moyen d'ajuster un coup de pied sur la petite chienne de Mme Molé (qu'elle appela *Lolotte*) en lui disant qu'elle eût à se retirer du passage et s'aller cacher derrière tout le monde, en ajoutant que les animaux de cette espèce-là *se fourrent partout !*.....

Ce qu'il arriva de plus désappointant pour la maîtresse du logis, ce fut qu'en voyant cette émigration des grandes dames, toutes ces femmes de robe imaginèrent que ce devait être l'usage de la cour, et qu'elles se mirent à défiler à la queue-lou-lou révérencieusement et silencieusement, devant la Présidente Molé qui ne savait que devenir. Le contrat de mariage ne fut signé par personne. On parla rudement de cette Présidente, et ce n'était pas sans raison ; mais ce qui fut universellement et principalement blâmé, ce fut cette méchanceté de Mme de Puysieulx. Harengère, avec sa langue de Serpent et son cœur de Harpie!

M¹ᵉ Mazzarelli, qui était une amie de MM. de Moncrif, Saurin et Colardeau, venait de remporter un prix à l'Académie française, pour un éloge de Sully, lorsqu'on apprit qu'elle allait épouser le Marquis de Saint-Chamond, lequel était de la maison de la Vieuville et le neveu du mari de ma tante. Grande rumeur et furieux projets de vindicte où je ne voulus participer en aucune façon. C'était une honnête femme d'esprit, et quand on avait dit qu'elle était sans fortune et sans naissance, on n'en pouvait dire aucune autre chose fâcheuse. Il n'est pas vrai qu'on eût à lui reprocher une conduite légère avant son mariage : elle a vécu le mieux du monde avec son mari ; elle a très bien élevé ses deux enfans ; et parlez-moi de cette femme-là pour se tirer d'affaires et pour se maintenir dans son rôle de grande Dame avec une parfaite aisance !

Elle n'avait pas été présentée, ce qui va sans dire, et voilà qu'un jour de la Pentecôte, elle avait amené ses enfans dans la galerie de Versailles, afin d'y voir passer la procession des Chevaliers du St.-Esprit ; je remarquai dans l'embrasure d'une fenêtre une femme toute seule, une femme en bel et riche habit bien porté, avec du rouge autant qu'une princesse, et des airs de physionomie si naturellement distingués, si spirituellement nobles et si parfaitement intelligens, que je n'avais des yeux que pour elle. Deux beaux enfans qui se trouvaient en haie derrière nous, se retournaient souvent pour la regarder. Je leur demandai le nom de Mᵐᵉ leur mère, et tout aussitôt que j'eus entendu que c'était Mme de Saint-Chamond, je m'en fus la prier de venir s'asseoir sur notre banquette au premier rang.

— Je suis le mieux du monde ici, me dit-elle.

— Vous serez encore mieux là-bas.

— Ceci n'est pas bien sûr......

— Mais pourquoi donc pas?

— Madame, puisque vous me faites l'honneur de m'interroger, je vous dirai que je ne dois pas me placer trop près du Roi....

— C'est moi qui vous servirai de chaperon. Elle baissa les yeux en disant froidement avec un air de fierté polie : — Je ne saurais m'approcher du Roi, Madame, et je me trouve obligée de vous prévenir que mon mari a dû quitter le régiment dont il était colonel, afin de m'épouser.

— Venez avec nous, ma Cousine, il ne s'agit pas ici de vous faire soutenir le manteau de la Reine...

— Ah! mon Dieu! je suis sûre que vous êtes M^m de Créquy! s'écria-t-elle avec des larmes aux yeux! et j'ai déjà mille grâces à vous rendre pour avoir eu la justice et la bonté de parler de moi comme vous l'avez fait à Choisy-le-Roi, devant tous les princes. Le Duc de Nivernais m'a rapporté...

— Venez donc vous asseoir à côté de moi : entre honnêtes femmes et gens d'esprit, il n'y a que la main, lui dis-je en prenant la sienne et la conduisant auprès de Mme de Tessé, qui lui fit place entre nous deux et qui la traita parfaitement bien. Je la trouvai piquante et, qui plus est, raisonnable et naturelle; mais lorsque le Roi passa, le cœur nous battit, car il regarda notre voisine, et puis M. de

Beauvau qui lui dit un mot à l'oreille.—La Marquise de Saint-Chamond, lui Sa Majesté, je suis bien aise de la voir! Ce fut une marque de bonté dont je fus réjouie jusqu'au fond de l'âme, et la pauvre femme en pleura de joie. Elle habite les terres de son mari depuis plusieurs années, et c'est une contrariété pour nous deux.

Je terminerai mon chapitre des mésalliances en vous parlant du mariage du Comte de Vaulx avec Mlle Julie Simonnet, surnommée *Philis;* elle avait été figurante à l'Opéra; son père était un infirmier de l'Hôtel-Dieu; sa mère vendait des souricières, et sa sœur était danseuse de corde. Son imbécile de mari s'était figuré qu'avec cinquante mille écus de rente, il ne pourrait manquer d'amener l'opinion publique à composition; mais il avait beau donner des bals parés ou masqués et des concerts italiques avec des soupers d'Apicius, il ne s'y rendait absolument que de l'égrefinage, et c'étaient des magnificences en pure perte. Cette femme eut un singulier démêlé avec le Président d'Hozier, Juge d'Armes de France, et voici pourquoi : elle avait fait mettre les armes de son mari sur ses carrosses, et (pour faire comme tout le monde) elle y fit ajouter des armoiries de communauté; mais il se trouva que ces armes qu'elle avait choisies, comme étant de son chef, étaient celles de MM. de Mauléon, qui sont des gens de qualité du duché de Guyenne. On procéda contre elle, et toutes les fois que la Comtesse Philis se hasardait à sortir dans un carrosse armoirié *doublement* (le Président d'Hozier la faisait guetter), on l'obligeait à mettre pied à terre au milieu de la rue, sur le pavé du Roi, si crotté qu'il fût? on conduisait la voiture de cette Comtesse en fourrière; elle était confisquée sans contestation possible, et sans parler des amendes qu'on lui faisait payer pour ce délit héraldique, je vous dirai qu'elle en avait perdu pour environ vingt mille écus de carrosses en moins d'un an. Pour ne pas avoir l'air d'une *courtisane* dans la voiture d'un *seigneur,* à ce qu'elle disait, elle avait pris le parti de faire mettre les armes de son mari sur un losange ainsi qu'une Demoiselle, et le Juge d'Armes était obligé de convenir qu'il n'y pouvait plus rien.

Depuis la mort de son mari, Mme de Vaulx a fini par donner dans le philosophisme et par se guinder dans le bel esprit, ce qui n'empêcha pas Voltaire de composer les *Vous* et les *Tu,* à l'intention de cette Philis. J'ai vu dans un recueil de ses pièces fugitives imprimées à Amsterdam, que cette épître de Voltaire était une satire contre Mme de la Vieuville, ce qui n'a pas l'ombre du sens commun, attendu qu'aucune personne de ce nom-là ne s'est jamais trouvée dans la situation passée de cette Julie Simonnet. Voltaire y a fait depuis ce temps-là plusieurs variantes, mais voilà les Vous et les Tu, comme je les tiens directement de l'auteur, avec la date de 1768.

« Philis, qu'est devenu ce temps
« Où, dans un fiacre promenée,
« Sans valets, sans ajustemens,
« De tes grâces seules ornée,
« Contente d'un mauvais soupé

« Que tu changeais en ambroisie,
« Tu te livrais à la folie
« De l'amant heureux et trompé
« Qui t'avait consacré sa vie ?
« Le ciel ne te donnait alors,
« Pour tout rang et pour tous trésors,
« Que les agrémens de ton âge,
« Un cœur tendre, un esprit volage,
« Un sein d'albâtre et de beaux yeux.
« Avec tant d'attraits précieux,
« Hélas ! qui n'eût été friponne !
« Tu le fus, objet gracieux !
« Et, que l'amour me le pardonne !
« Tu sais que je t'en aimais mieux.
« Ah ! Madame, que votre vie,
« D'honneurs aujourd'hui si remplie,
« Diffère de ces doux instans !
« Ce large Suisse à cheveux blancs,
« Qui ment sans cesse à votre porte,
« Philis, est l'image du Temps ;
« On dirait qu'il chasse l'escorte
« Des tendres amours et des ris :
« Sous vos magnifiques lambris
« Ces enfans tremblent de paraître.....
» Hélas ! je les ai vu jadis
« Entrer chez toi par la fenêtre
« Et se jouer dans ton taudis !
« Non, Madame, tous ces tapis
« Qu'a tissus la Savonnerie,
« Ceux que les Persans ont ourdis
« Et toute votre orfèvrerie ;
« Tous ces plats si chers, que Germain
« A gravés de sa main divine ;
« Tous ces cabinets où Martin

« A surpassé l'art de la Chine ;
« Les fleurs et les cristaux brillans,
« Toutes ces fragiles merveilles,
« Et les deux lustres scintillans
« Qui pendent à vos deux oreilles,
« Ces riches carcans, ces colliers
« Et cette pompe enchanteresse,
« Ne valent pas un de baisers
« Que tu donnais dans ta jeunesse (1).

(1) On a cru devoir reproduire cette version d'après un autographe de Voltaire. On verra qu'elle est préférable à celle de l'édition de Kelh, et tout donne à penser que les premiers éditeurs n'avaient connu cette pièce que d'après le recueil d'Amsterdam. *(Note de l'Éditeur.*

FIN DU CINQUIÈME VOLUME.

TABLE

DES MATIÈRES CONTENUES DANS CE CINQUIÈME VOLUME.

Pages.

CHAPITRE I. Les portraits de famille et les traditions. — Un tableau de Van Goyen. — Un Cardinal-Patriarche. — Un voyage en France au XVIe siècle. — Le Comte de Vendôme et le Chevalier Bienheuré. — Scène populaire — Singulier privilége des Cardinaux. — L'Abbaye de la Trinité, la tour Magne et le château de Vendôme. — La fleur de lys du Pinde au miroir des histoires. — La famille de Musset. — Origine et durée de ses relations avec celle de Créquy. — Souvenir honorable. — Exhortation de l'auteur. — Mademoiselle de Musset et le chevalier de Créquy. — La belle du coche. — Galanterie désappointée. — Une visite chez un avare. — La confession sur un échafaud. — Grâce accordée par le Cardinal de Créquy. 4

CHAP. II. Une dame de province en 1760. — Les chemins vicinaux. — Une gentilhommière du Maine. — Mauvais gîte. — Accident de voyage et souper ridicule. — Effet d'un bon arrangement pour rétablir sa fortune. — Ruine et restauration du château de Fontenay-sur-Sarthe. — Maxime de Mme de Maintenon sur le bon goût. — Le meurtrier pénitent. — Sentence de mort contre un Curé; — Sa grâce obtenue par l'auteur. — Indiscrétion de de l'Abbé Lamourette au sujet d'une confession de Mme de la R. — Remarque sur le secret gardé par les prêtres apostats depuis la révolution. 48

TABLE DES MATIERES.

Pages.

CHAP. III. Le Duc de la Vauguyon. — Le Dauphin. — Le Comte de Provence et le Comte d'Artois. — Éducation de ces princes. — Parfaite bonté de Louis XVI. — Sa clémence à l'égard du sieur Thiriot. — Réponse de ce Prince à son grand-prevôt de l'hôtel. — Monsieur, frère du Roi. — Son caractère pendant sa jeunesse. — Son goût pour les mystifications. — Lettre de ce Prince au Duc de Penthièvre. — Énigme et madrigal composés par Louis XVIII. — L'animal fantastique et les œufs de crocodile. — La Comtesse de Tessé. — Nouvelle école épistolaire. — Lettre pseudonyme sous le nom de Mme de Tessé. — Marivaudage et Crébillonage. — M. de Talleyrand et le style de ses billets. — Le Comte d'Artois adolescent. — Son seul défaut. — Remarque de la Duchesse de Beauvilliers. — Le Cardinal de Rohan. — Son ambassade à Vienne. — Cause de son inimitié avec le Baron de Breteuil. — Mariage du Dauphin. — Portrait de l'Archiduchesse Marie Antoinette. — Son arrivée en France. — Le mariage, le bal de la ville, et le feu de joie. — Présages sinistres. — Accidens funestes. — La nuit dans un fossé. — Mot de la Comtesse de Gisors. — Le Prévôt des marchands. — Sa famille. — Bignoniana. 52

CHAP. IV. Annuaire nécrologique pour 1770. — Le chimiste Rouelle et son horreur du plagiat. — Sa définition de l'homme. — Une espièglerie de M. de Buffon. — Le physicien Mairan. — Son thermomètre au vestiaire. — Mot de cet académicien sur Mme du Châtelet. — Sa mort et son héritage. — Le philosophe d'Argens. — Mot de Chamfort sur les Marquis philosophes et la *Foire-aux-Marquis*. — Contributions imposées par le Roi de Prusse sur ses pensionnaires à l'Académie de Berlin. — Colère de Voltaire et de Maupertuis contre cet impôt fiscal et cette mesure financière. — Gentil Bernard. Son portrait et son caractère. — Le docteur Sénac et M. Sénac de Meilhan, fils du docteur. — L'abbé d'Espagnac au pharaon. — Exécution de cet abbé contre M. de Meilhan. — Moncrif, historiographe de France. — Épigrammes et méchancetés de Voltaire à l'égard de Moncrif. — Le Poëte Roy. — Ses épigrammes et sa correction. — Un mensonge de M de Voltaire, sa découverte et sa punition. — M. de Crône et le Baron d'Hunolstein. — Leur étrange conduite à l'égard de Moncrif et de Voltaire. — Extrême vieillesse de Moncrif. — Ignorance où l'on était sur son âge. — Son épitaphe. — Crébillon fils. — Ses deux portraits. — Le présumable et l'effectif. — Ses ouvrages et son mariage. — Son parallèle avec Jean-Jacques Rousseau. — Le nouvelliste Bachaumont. — Son caractère et ses mémoires. — La Présidente Doublet de Persan. — Le *bureau d'esprit* et les *nouvelles à-la-main*. — Fâcheux effets de cette sorte de publication. — Tracasseries à propos d'une épigramme. — Réclamation de la famille de l'auteur. — Explication. — Le Marquis de Mirabeau, le Lieutenant de police et le Bailly de Froulay. — Excuses du Marquis. — Véritable épigramme contre lui. — Bouts rimés remplis par Mme de Créquy. — Autre épigramme de l'auteur en forme de dissertation littéraire. 71

CHAP. V. M. Necker et MM. Thélusson. — M. Bouzard. — Lettre du Comte de Lauraguais à M. Necker. — Rancune et vengeance de ce dernier. — Exil de M. de Lauraguais. — Mme Necker. — Son portrait, sa pruderie, ses logomachies ridicules, etc. — L'hôtel Thélusson. — L'hospice Necker. — Mme Necker à l'Académie française. — La famille Necker à l'hôpital des fous. — Mme Trudaine. — Histoire d'une victime de *l'arbitraire*. — M. de Guitry. — Désappointement philanthropique. — Le Baron de Peyrusse. — Désappointement amoureux. — Plusieurs anecdotes sur la famille Necker. —

Épitre de Voltaire à Mme Necker. — Mme de Staël. — Épigramme du Comte de Sesmaisons. — Benjamin Constant. — Reproche que lui fait Mme de Staël. — Ses habitudes inhospitalières et son amour de l'économie. — MM. de Narbonne et de Montmorency. — Mme de Staël à l'hôtel de Breteuil. — Sa visite au château de Conflans. — Son enthousiasme pour un portrait, pour une épigramme et pour un madrigal. — L'Abbé Maury et Mme de Staël. — Accusation grave. — Citation de *Delphine*, etc. 98

CHAP. VI. Mme du Barry et les Barrymore. — Mme de Mirepoix et le Vicomte de Laval. — Arrangement de famille au sujet de Mme du Barry. — Résultat d'un souper dans les petits appartemens de Versailles. — Laharpe chez Mme du Barry. — Mme de St.-Jullien, surnommée le *papillon philosophe*. — Lecture de Voltaire chez Mme de St.-Jullien. — Brouillerie qui en est la suite. — Lettre d'éloges adressée par Voltaire à Mme du Barry. — Mort du Maréchal d'Armentières et du Marquis de Chauvelin. — Pressentimens du Roi. — Sa maladie. — Sa mort. — Exil de Mme du Barry. — Rappel du Comte de Maurepas. 127

CHAP. VII. M. de Maurepas. — Inconvéniens de son caractère. — Mme de Maurepas. — Ses habitudes de langage et d'économie. — Retour de son exil. — L'hôtel de Phélippeaux. — La mode de la régence. — Le vieux mobilier. — Les Phélippeaux, c'est-à-dire le Duc de la Vrillière, le Comte de Maurepas, le Comte de Pontchartrain, l'Archevêque de Bourges et le Marquis d'Herbaut, son frère. — Leurs dettes payées par Mme de Maurepas. — La Comtesse de Beauharnais et sa famille. — Mme de Miramion et les Miramiones. — Mylord Goys et Mlle d'Eon. — Mystification organisée par un ministre. — Le trompeur mystifié. — Les ordres royaux et le respect pour leurs

TABLE DES MATIÈRES.

Pages.

insignes. — Le libelliste Morande. — Une intrigue de Beaumarchais. — Mystification pour un ministre. — L'abbé d'Espagnac et la force du sang. — Plusieurs autres mystifications chez le Duc d'Orléans, chez M. de Tymbrune, etc. ... 138

CHAP. VIII. L'île St-Louis.—L'ancien hôtel de Mesmes, aujourd'hui l'hôtel Lambert. — La Présidente de Mesmes. — Mlle de Thou et Mme Brisson. — La famille le Boulanger. — Origine de ce surnom. — MM. de Nicolaï. — L'abbé de Pomponne. — La Société du Parlement et la Société du Châtelet.—Ridicules de cette dernière coterie.—M. Lenoir et Mme Leblanc. — La famille Daine. — Le régiment des gardes avec un Monsieur du Châtelet, en coq-à-l'âne. — Les financiers ridicules. — Beaujon, Bouret, Pâris, etc.—Sentiment de l'auteur sur Mme de la Poupelinière et Mme d'Épinay.—Mme de la Reynière.—Son portrait par Mme de Genlis.—Anecdotes. 157

CHAP. IX. Littérature du temps. — Le connétable de Bourbon, tragédie de M. de Guibert. — Jugement de l'auteur sur cette pièce.—Le Duc d'Aumont et Mme de Villeroy, sa fille. — Séance de l'Académie française.— Election de l'Évêque de Senlis. — Sa réception. — Note sur M. l'Abbé de Pradt. — Citation de l'Abbé de Voisenon.—Discours de Condorcet.—Un opéra de Marmontel. —Un drame de Laharpe.—Saisie d'un ouvrage après sa publication. — Protection du Comte de Provence en faveur du poëte. — Citation d'un passage retranché dans *Mélanie.* — La tragédie de Manco-Capac. — Citations d'Helvétius, de Mercier, de Diderot, etc.—Prévision du Dauphin Louis IX.—Oraison trouvée dans ses heures.— Passage d'un sermon de l'Abbé de Boismont. — Un possédé.—L'exorcisme. 168

CHAP. X. Quatre suicides et quatre mésalliances en 1784. — L'auteur y voit un mauvais présage. — Les Jansénistes parlementaires. — Leurs poursuites contre l'Archevêque de Paris. — Une enquête au couvent des Capucins. — Interrogation de l'auteur à M. de Talleyrand. — Mort du Garde-des-Sceaux, M. de Lamoignon. — Réflexions sur les familles de magistrature qui quittent la robe pour l'épée. — Geneviève Galliot et le Prince de Lamballe. — Mme la Duchesse douairière d'Orléans. — Un portrait de femme. — Une confidence. — Un mariage secret.   194

CHAP. XI. Le Prince de Lamballe et Geneviève Galliot (*suite.*) — Inquiétude de M. de Penthièvre. — Un souper chez le Duc d'Orléans (Philippe Égalité.) — Suite d'une mésalliance. — Mme de Saint-Paër. — Encore un suicide. — Bonté de M. de Penthièvre. — Les caveaux de l'église de Dreux. — La Princesse de Lamballe. — Son mariage et sa mort. — Le Prince et les Comtes de Carignan. — Agathe Sticoti. — Mme d'Hérouville et la Marquise de St.-Chamond.   217

CHAP. XII. Les mésalliances. — Procès de MM. de Labédoyère contre la Demoiselle Sticoti. — Mariage secret du Prince de Carignan. — Lolotte, autrement dite Mme d'Hérouville. — Mlle Mazzarelli, ou la Marquise de St.-Chamond. — La procession des Cordons-Bleus. — La Demoiselle Simonnet devenue Comtesse de Vaulx. — Ses procès avec le Juge d'Armes de France. — Les *Vous* et les *Tu.*   256

FIN DE LA TABLE DU CINQUIÈME VOLUME.

www.ingramcontent.com/pod-product-compliance
Lightning Source LLC
Chambersburg PA
CBHW070646170426
43200CB00010B/2145